新自然主義

【圖輯】
駐日八年，台日友好

詹益忠建築師素描，把對日本的感謝畫成台灣的普遍意志，令人感動而且廣為流傳。

2016年6月9日，從松山機場出發，赴日履新擔任駐日大使，機場來了百餘位好朋友歡送。
中午抵達日本後，受到日本各界人士與我國旅日僑社的熱烈歡迎。

2018 年 9 月 6 日，北海道發生 6.7 級地震。7 日緊急飛往北海道，與駐日北海道辦事處共同協助安置當地台灣的僑民、旅客與留學生。不僅在一樓設置臨時服務中心，並從超商找來水和泡麵提供給受困的旅客。

2017 年 11 月，出席日本天皇皇后主辦的御苑園遊會。結束後每個人手上都提著一盒紅豆餅紀念品，印有皇族菊紋，看起來十分高雅。

2020 年 4 月 22 日，與日華議員懇談會會長古屋圭司，在成田機場一起迎接中華航空公司送來的口罩。

2021 年 6 月 4 日，欣喜日本政府贈與台灣疫苗，與幾位同仁直奔停機坪，凝視著裝載疫苗冷凍箱的機艙門緩緩關上。

2020年7月30日李前總統登輝先生辭世。駐日代表處設置追思處所。
現場佈置素雅鮮花與中日文悼詞，並且播放李前總統生前喜愛的「千風之歌」。

圖輯　駐日八年，台日友好

東京奧運因 COVID-19 而拖延一年至 2021 年 7 月舉行；且比賽會場幾乎無觀眾在場。駐處特別在宿舍區設置電視轉播開幕式加油區，方便同仁們與僑胞為中華隊打氣加油。

參加台積電熊本廠 2024 年 2 月開幕儀式，上圖右為熊本縣前任知事浦島郁夫。

2018 年花蓮大地震，安倍首相親筆書寫「台灣加油」，表達慰問。

2018 年 10 月，參加在大和市舉行的高座會 75 周年大會。

2024 年 10 月，出席大阪護國神社的植櫻活動，總統府國策顧問陳天隆和僑務委員王輝生也來參加，留下值得紀念的鏡頭。

2022 年 8 月到橋頭糖廠參加山本悌二郎銅像揭幕儀式。

到東京兩國國技館觀看日本大相撲賽事。

參加成田山新勝寺的撒豆子活動。

2024 年 11 月東京巨蛋的世界棒球經典賽冠亞軍賽,中華隊 4:0 贏了日本,喜奪金牌!

北海道札幌的地下街不像東京車站的地下街人潮洶湧,很多人甚至不知道。

東京路旁的銀杏樹在「木枯」後的寒風吹拂下，黃葉飄揚，掉落滿地，美如黃金地毯。

流體太極不是拳術，隨興自然，依身體狀況而動，如行雲流水。其中也有圓形運轉、循環不已、陰陽互根、以及欲左先右的反律原則，故以太極為名。

最好的料理法必然接近食物的原味,「大味必淡」應該是這個意思。人生境界也是如此,傾聽內在聲音,自在活出自己,最後也歸一個「淡」字。

自拍於參觀江戶時代的俳詩人松尾芭蕉的紀念館和遺址。

駐日八年台日友好記事簿

謝長廷「善的循環」再續

謝長廷 著

目 錄

圖輯

駐日八年,台日友好 3

作者序

我要做個什麼樣的大使 22

第一部　駐日八年風雨經歷

1　對「大物」政治家駐日的期待 28

2　同是天災頻繁的國度 36

3　平成到令和的改元換代 46

4　回顧百年難遇的大疫 54

5　巨人殞落,我們仍會持續前進
　　——弔唁李登輝前總統 66

6　不可思議的東京奧運會 76

7　台日漁業衝突與漁民權益保護 86

第二部　地緣政治與政情觀察

8　福島食品與加入 CPTPP 國際貿易夥伴協定　94

9　台積電熊本廠帶動台日半導體合作　102

10　俄羅斯入侵烏克蘭戰爭使世界更關注台灣　108

11　八年任期間的總理大臣們　114

第三部　在日生活心得與人生哲思

12　高座會：凝結在 80 年前的青春　120

13　昭和櫻帶著台日情誼遍地開花　128

14　山本悌二郎銅像回鄉　134

15　日本重要國技：大相撲　142

16　日本的節分日：成田山新勝寺撒豆　148

17　從東京巨蛋看棒球，談體育發展　154

18　兩度凍臨北海道札幌雪祭　160

19　季節的興味：夏之薰風，冬之木枯　166

20　日本人普遍具有養生健康觀　170

21　大味必淡的人生哲學　176

後記

回望這段特殊、深刻的緣分　180

【作者序】
我要做個什麼樣的大使

　　2016 年，我在 6 月 3 日正式接獲派令後，9 日即離境赴日。台灣長工會在我出發前聚會，昔日許多戰友、謝系的子弟兵都出席來歡送我。我深知擔任大使是政治性極高的任務，必須立場超然，超越政黨與派系。因此我當時跟大家說，「未來不再有謝系，大家相忘於江湖。我們現在都是台灣派，為台灣拚就對了。」

　　這是我對駐日大使這份職責的深刻體悟，但我心裡對自己的未來，也有著些許不安。我常自嘲「蘇武牧羊」，雖是一句玩笑，但心境上確實有幾份寂寥，或許是一種孤雁離開群體即將獨飛時的心境吧。

沒有正式邦交的外交策略：以地方與民間關係帶動國會、內閣交流，建立更友好互動

　　當時的我已年屆七十，思考著：這很可能就是我人生的最後一個公職了，我要做一個什麼樣的大使？要讓後人或社會如何評價我？

台日關係對台灣非常重要，不只日本是世界第三大經濟體，排名僅次美國、中國，也是七大工業國中唯一的亞洲國家。尤其和台灣地理位置鄰近，貿易往來密切；加上台日之間有著深厚的民間情誼，若能在困難時互相協助，對台灣長遠的安全與發展緊密相關。

台灣與日本沒有建立正式外交關係，本就是對日外交工作的重大挑戰。我從不同角度看到，日本是內閣制的民主國家，內閣輪替是常態，國家體制與政策就是民意由下而上的過程。因此，地方的想法與意見會影響他們所選出的國會議員；而內閣的成員也都是由議員出任。因此設定了加強與地方政府交流、與民間交流；用民間、用地方來影響中央，做為累積台日關係的策略，並希望厚植台日民間友好的基礎，來創造雙方最大的利益。

摒棄戰狼式民粹，創造善的循環：
「一方有難，另一方就會馳援」

我的期待是，如果有一天台灣有難，日本各界能勇於伸出援手。正如同台灣人也不會對朋友的危難坐視不管，台日都不孤單。

當然外交工作不是只有親善友好的一面，我上任時台

日之間也存在著不同時期留下的未解難題。例如，東北五縣食品禁令問題、慰安婦議題，還有更敏感的釣魚臺列嶼（日方稱「尖閣諸島」）領土爭端，以及衍生的領海捕魚爭議。

在我到任前，曾發生過多起漁船和漁民被日本拿捕扣押的事件，前任政府有過海巡署艦艇與日本海上保安艦對峙，甚至喊出「不惜一戰」。我認為，態度強硬並無助於解決爭端。台日之間有些懸案，應該低調處理；但該表示反對時，就用外交途徑提出正式抗議，如此留下正式紀錄，避免被默認為既成事實。至於折衝斡旋儘量避免大肆聲揚，更無須訴諸媒體或迎合民粹主張。我始終主張從溝通中逐漸產生共識，穩固做好台日關係，逐步影響日本政策方向，才符合台灣最大利益。

當然，這樣的策略不會讓每個人都滿意，尤其是反對黨人士與一些立場親中的媒體。在處理東北五縣食品禁令的問題時，我主張的三段論（請見本書「08 福島食品與加入 CPTPP 國際貿易夥伴協定」），就被有些人斷章取義，說我是「『助』日代表」。其實，做為一個使節，當然要努力去調和雙方差異，化解歧異對立。如果我方有理，當然要據理力爭，派駐國也會尊重我方。若學中國用戰狼的姿態去處理外交關係，如此雖可贏得國內民粹

主張的掌聲讚賞,但失去兩國邦誼與信任,仍是失敗外交。

發展外交的目的是要創造雙贏,在「善的循環,深化友好」的思考下,兩國友好親善下維持互助:一方有難,另一方就會馳援,如此的「助日」,又有何不可?

若要回想八年駐日外交生涯的代表性畫面
最難忘成田機場送機載運疫苗赴台

離任那天,看到日本媒體讚揚我說,這是台日兩國關係最好的時刻!我想,這 8 年,沒辜負蔡總統囑託,更沒辜負台灣人民的期待!

有人問我,8 年來外交生涯最具代表性的事務是什麼?

現在回想 8 年外交生涯的代表性一幕,浮現的是 2021 年 6 月 4 日上午的畫面:在成田機場親自送別載運日本政府捐贈給台灣 124 萬劑 AZ 疫苗的日本航空起飛(就在此的一年前,我同樣在這裡迎接中華航空公司送來台灣捐贈日本的口罩)。我注視著每一個冷凍箱隨自動輸送帶進入機艙,直到完全裝入後,機艙門緩緩關上。

這 124 萬劑的疫苗對當時的台灣可以說是及時雨,我

想到故鄉台灣民眾翹首等待著疫苗,想到這段時間日本友人不分官方民間的奔走及幫助。細雨中,臉上全濕,分不清到底是淚水或雨水,不禁彎下腰,對飛機深深一鞠躬,心裡喊「謝謝!再來就拜託你們了。」

　　彎腰鞠躬的身影被拍照下來,在網路不斷被流傳,也被畫成素描送給了我,已經成為我擔任駐日大使最代表性的身影。這個畫面,也是這 8 年象徵台日友好、善的循環的銘記。

謝長廷

第 一 部

駐日八年風雨經歷

01. 對「大物」政治家駐日的期待

2016 年 6 月 9 日中午，搭機抵達日本東京羽田機場，受到僑界團體及日本各界人士熱烈歡迎。

2016年6月3日,蔡英文總統正式派任我為台北駐日本經濟文化代表處代表。但早在3月下旬,台灣媒體就傳出我即將駐日的人事安排。消息傳到日本後,日本媒體也跟著大肆報導。

**猶記駐日前,被日本媒體忝稱「大物」政治家
可能是曾任閣揆,而獲視為重量級人物**

《時事通信》更以「大物政治家」稱呼我,並且細數我曾經留學京都大學、擔任美麗島事件辯護律師、民進黨創黨黨員等等,介紹我進入國會、高雄市長任內進入行政院擔任閣揆、2008年代表民進黨參與總統大選等等。

這則報導被引用到日本Yahoo頭條,引起更廣泛的關注。不少台灣人好奇「大物」是什麼意思?其實,日文的「大物(Oo-mo-no)」意思相當於中文的「重量級人物」。從經歷來看,日本網友認為閣揆接近內閣總理大臣,用「大物」形容並不算誇張。也因此許多日本政商界朋友們以及僑界人士,也紛紛提前來電視賀我。由此可見,日本各界對我的人事派任,有著深切的期待與期許。

日本文化相當重視禮貌和尊重,基本上,大使層級的

駐外使節的派任，先要和派駐國溝通並得到默認，如有意見還要溝通協調，有時來回多次，非常花時間。這是為什麼有些大使或代表拖延很久，遲遲不能派任的真正原因。

「大物」政治人物成為駐日大使，傳遞給外界最直接的訊息，就是「蔡英文總統重視日本和台灣的關係，特別任命謝長廷擔任駐日大使。」這樣的信息，也受到派駐國日本的歡迎！

日方視我為知日派。確實，因為我跟日本有較深的淵源，我 1972 年 4 月是領日本文部省的獎學金前往日本京都大學攻讀碩士的。出發時台日仍有邦交，但到達日本就讀的同年 9 月遭遇兩國斷交，整個生活遭遇亂流，憂心台日關係生變不知是否還能繼續留學，所幸日方成立財團法人交流協會（現在的日本台灣交流協會）持續提供獎學金，我也完成了博士課程。對於台日關係，我個人是有非常切身的感受。

總統府的任命書是駐日大使
日本官方則稱為台北經濟文化代表處代表

我的任命案也很快得到日方的同意。

總統府給我的任命書是「中華民國駐日本特命全權大使」，所以台灣對內或內部公文，稱呼大使才算正確。但大使是一個國家派駐在外國的使節，在沒有邦交的國家，只能稱代表，大使館就叫代表處。

同時因為中共代表的中華人民共和國強硬主張「一個中國原則」，不許跟他有邦交的國家使用中華民國或台灣等具有國家意涵的名稱，造成我們各個代表處名稱一度非常多樣，而且時常變來變去。不過現在幾乎統一稱為駐某國台北經濟文化代表處，如美國、澳洲、英國都是如此。

台日斷交後，早期由「台灣日本關係協會」的前身「亞東關係協會」負責對日關係事務，在日本的駐處原本稱為「亞東關係協會東京辦事處」，1992年改為「台北駐日經濟文化代表處」。當時改名的駐日代表許水德先生認為是重要政績，但也有人認為自稱台北有自我矮化之嫌，乍看之下還被以為是台北市政府的代表單位，而且還很長很難念。

在我擔任駐日大使，遇到日本台灣交流協會會長大橋光夫致詞時，他還是常常會加上一句「名稱好長」。我如接著致詞，就會說「這名稱的確太長，你們稱呼為『台

灣駐日代表處」就可以，我們不會抗議」。實際上，我也建議代表處職員對外直接使用「台灣駐日代表處」，來讓日本民眾清楚理解其身為外交機構的地位與功能名稱。這當然是一時權宜，但我們代表處的名稱問題確實是存在的。

請教：李登輝、彭榮次、許世楷、羅福全諸前輩
並拜會：三三會、工商協進會等企業界代表

從人事案內定到正式派任，中間有幾月的時間。外交是非常專業的事務，加上台日關係可說是重中之重。我趕緊把握時間，做了一些功課。

首先是忙著拜訪和請益，除了李登輝前總統、前亞東關係協會會長彭榮次先生外，許世楷、羅福全兩位前大使也都是我請教對象，還有一些企業界像「三三會」、「工商協進會」也都去拜訪請益了。

我深知自己的角色以及領導者的使命，就是要提出願景，領導團隊去實踐，並承擔決策成敗的責任。即便駐館人員規模不大，但我們的職責與角色，是代表國家（即中華民國台灣）在日本交流、交涉等互動。我的使命是讓駐館的整體運作必須達到有利於國家的結果。

日本對台灣的重要性不言可喻。我外交工作的重點，便是鞏固台日友誼，做好大國關係。在台灣有急難時，能發揮影響力協助台灣。

但問題是台日之間沒有正式邦交，我方大使在正式場合上根本連他們的大臣都見不到，我要如何透過雙方互動來影響他們政府的政策，達成有利於台灣的結果？

以城市外交、草根民意突破交流格局
台日友誼遍地開花，由下而上形成穩固力量

經過反覆思考後，我決定直接訴諸日本地方草根民意，讓台日友誼遍地開花，由下而上形成穩固力量，最後影響日本政府的政策方向。所以城市交流、議會外交、文化外交將是在我任內特別重視的項目。

城市交流多少可以彌補政府關係的不足，台日間地方自治體有簽訂友好協定或姐妹市的數字到底有多少，因為計算標準以及時常變動，各方發表數字並不一致。但依我們自己計算的標準，到 2024 年卸任為止有 178 對締結，我上任時曾計算過去以來的累積共有 61 對。也就是說 8 年間增加了比原來多兩倍的友好城市連結。透過友好協定增加各種各樣的交流機會，每個交流都有機會演

變成善緣,這也是「善的循環」擴大的草根基礎。

　　蔡總統期許我做好台日交流,我自許絕不會讓總統失望,更不會讓台灣人民期待落空。就是這樣一種使命感與榮耀感,伴隨著我搭機赴任,如此就過了 8 年。中間歷經許多事件,也創下許多台日友好的重要里程碑,應該無愧於當初出發時的期待,也深深地感恩。

02. 同是天災頻繁的國度

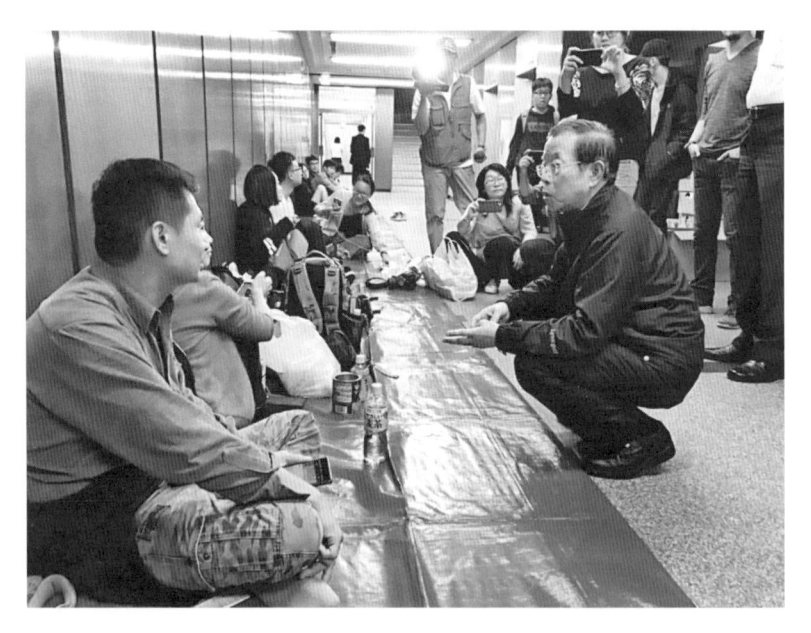

2018 年北海道地震，駐日北海道辦事處協助疏散與安置台灣僑民、留學生與旅客。

日本和台灣都是天災頻繁的海島國家，我們地緣環境相似接近，地震、颱風、暴雨自然災害等時而侵襲，隨時都可能威脅人民的生命安全與財產。

早前在台灣聽老一輩人常講，有些地方叫做水流庄，意指這地方常有水患。像高雄橋頭五里林舊稱就是「水流庄」，由於地勢低窪，每逢豪雨常釀成水災，因此當地房舍蓋成柱仔腳厝。鄉民見溪水暴漲，便會發揮守望相助，合力搬遷房厝，以免洪流吞噬。團結互助應對災害的堅韌性格與精神，讓我很感佩。

日本活火山與斷層遍布，長期與天災共存
與台灣一樣，具有應對無常的智慧與韌性

日本與台灣一樣，也有著應對無常的韌性與智慧。日本除了地處多處斷層地震頻繁外，還有火山災害。從最北的北海道到南方的九州都有活火山，其間的富士山更是最知名的一座。截止到 2017 年記錄，日本國內活火山數量多達 111 座。而地震與火山同時存在也使得日本有著複合式災害的憂慮，像位於日本東南方海域的「南海海槽大斷層」，這條長達 800 公里的海底槽，北起東京西方的靜岡，一直延伸到九州島的南端。

每隔一兩個世紀，這個海槽就會發生規模 8 到 9 的破壞性強震。這都是日本人熟知的夢魘，甚至因此誕生了《日本沉沒》這樣的小說。2024 年 8 月九州地震後，日本首次發布「南海海槽地震臨時情報」，許多沿海縣市就預防性開設避難所，謹慎應對可見一斑。

我常覺得日本這個民族在東瀛列島生存繁衍是一件不容易的事情，幾千年來他們就是在「與天災共存」的情況下，培養出民族本身的智慧與韌性。

像 311 東北大地震這樣大災難百年罕見。即使如此，在 2016 年到 2024 年駐日 8 年間，被日本政府指定為「非常災害」級的，就有我就任前一個月發生的熊本地震（平成 28 年熊本地震）、2019 年哈吉貝颱風（令和元年東日本颱風）、2020 年九州豪雨（令和 2 年 7 月豪雨）、2024 年元旦的能登半島震災（令和 6 年能登半島地震）等，加上極端氣候不時引起的暴雨、大水，如 2022 年梅雨造成的熱海土石流災害等。

日本政府和人民在災害預防與應變處理方面非常有經驗，即使發生重大災變，整個社會也顯得秩序井然。在駐日 8 年間，我有一些切身經驗可以跟大家分享。

2018 關西機場事件,日本官民熟練面對天災
卻因中國捲動假新聞、資訊戰而秩序失控

這是一個非常特別的案例:2018 年 9 月 6 日時,北海道發生 6.7 級地震(平成 30 年北海道膽振東部地震),造成嚴重災情。我立即動身前往札幌台灣駐日北海道辦事處去了解情況,也協助疏散與安置台灣僑民、留學生與旅客。當時在地方政府安排下前往政府設置的避難中心,了解實際安置情形。

我發現,他們平時就有緊急避難訓練,也準備足夠應付災害的各種食品、被毯和飲料。災民一到場,馬上有工作人員發給毛毯、瓶裝飲水和乾糧,沒有複雜的身分檢查或登記手續,現場讓人感覺很溫暖有秩序。整個過程,讓我有深刻體驗,也從中學習不少災害應變的知識。

還有一個非常特別的案例:2018 年 4 月的強烈颱風「燕子」,對日本來說並沒有造成嚴重損害,卻造成台灣外交人員自戕的最大憾事。強風吹襲下,一條遊艇劇烈搖晃撞壞機場的聯通橋,造成機場聯外中斷,許多旅客、工作人員受困。台灣的旅行團早在事前接獲告知關西機場飛台北航班取消,因此並未進入機場;而不知情的台灣自由行旅客約 40 人左右。但中國旅客卻因為聯繫不良,

以致有六、七百人困在機場。

以往曾數度發生飛機誤班,中國旅客在機場滋擾抗議的事件,所以中國領事館為避免再鬧笑話,連夜向免稅店調借 15 輛巴士在機場外圍待命,準備接回被困的旅客,但因為聯通橋不能通行,始終無法進入機場。

北京觀察者網帶動誤傳台灣旅客感謝祖國
國內在野黨立委、名嘴跟隨起舞

次日早晨,機場管理單位調動巴士和快艇疏散受困旅客,部分自由行旅客不諳日文,也沒有導遊協助,誤把機場巴士當做中國領事館的巴士,搭到機場 12 公里外與中國領事館的巴士接駁,紛紛向中國表達感謝。

這個情況由中國領事館傳給媒體,北京觀察者網率先起鬨說台灣旅客感謝祖國強大。當天早上即有人在旅遊網站「爆料」說中國派了巴士救出國民,台灣的駐日代表處或辦事處均沒有派車,而且態度惡劣。

這樣的虛假訊息很快在網路延燒,國內在野黨立委、名嘴隨即召開記者會,質詢部長揚言追究責任,一時謠言不斷,駐外單位的網路均被攻擊而癱瘓,幾乎無法辦公,更流傳虛實難斷的人事調動及處分耳語,代表處同

仁士氣和心情異常低落，大阪辦事處也一樣，想不到 14 日早上竟傳出大阪辦事處蘇處長在官邸自殺的不幸消息。

令人遺憾的是，第一時間配合謠言，召開記者會要求外交部追究責任的在野黨立委和名嘴，又想把責任簡單轉化為代表處的責任，並由在野黨籍監委發動調查，轉移焦點，其實真正原因就是中共的大外宣因台灣部分輿論、立委、名嘴配合，進一步轉為對台的資訊戰攻擊，造成對外交單位必須追究責任的輿論壓力，造成大阪處長百口莫辯的委屈和不平，釀成不幸。這是事後專家爬梳事件經過與虛假資訊傳播管道，都將關西機場事件視為研究資訊戰或混合戰的典型範例[1]。

善的循環：921、東北大地震，以及熊本、台南、花蓮、能登的互相報恩

天然災害考驗著台灣、日本人民的韌性，但也成為牽起台日情誼的連結。我時常說台日友誼的可貴，是在一方有困難或是危難時，他方會協助，變成一種很自然的

---

[1] 編按：中國政府透過社群網站、網路媒體製作、散播假訊息，再將假訊息滲透進入台灣的社群網站，關於本事件，詳見本社出版《戰狼來了！關西機場事件的假新聞、資訊戰》。

互動，進而形成善的循環。而這個開端，起源於 1999 年 921 大地震日本對台灣的馳援；而後 2011 年日本東北大地震，台灣踴躍捐款達 200 億日圓；之後無論 2016 年的熊本地震、台南地震、2018 年的花蓮地震，到 2024 年的能登地震、花蓮地震等，雙方都是在第一時間互相伸出援手。

近期如 2024 年 4 月間花蓮發生七級地震，造成房屋倒塌等災害，第一時間日本岸田文雄首相以日中文雙語表達慰問，以及願意支援之意。日本日華議員懇談會除了發來慰問信，古屋圭司會長更是特地來電，提到日本消防署有最先進的探測儀及救生設備，如有需要，隨時可以出發到花蓮，希望在黃金時間內及時發揮互助功能。

我立即經高層聯繫內政部，瞭解困在倒塌大樓地下之民眾均已救出，眼前搶救重點是全力搶通道路，幫助因道路斷崩受困的民眾等。我隨即向古屋會長轉達，也感謝日本各界的關心。接下來幾天，日本朝野政黨、友台的地方自治團體和民間組織，都紛紛熱情表達了慰問與捐款的誠意。我代表政府表達最誠懇的謝意，也珍惜台日之間這樣的情誼。

當中，有一件事讓我印象非常深刻，群馬縣台灣總會

的事務局長頌彥守真代表專程來到駐處,想為花蓮地震提供捐款,她先生頌彥真賢是當地知名的醫師,一向熱心公益。

以「心存感恩,知恩圖報」形成友善關係,
台日的文化、經濟、體育交流深入基層民間

頌彥事務局長說,花蓮發生地震後,有位老婦人來敲門,她看是她先生頌彥醫師的患者,於是開門回應,這位婦人拿了 10 萬日圓要捐給花蓮,表示有看到頌彥事務局長在電視台號召,待花蓮復興後,大家要一起去台灣旅遊,婦人說因自己年老又重病沒有辦法去了,這 10 萬日圓就替她捐給台灣,我聽了不禁感動的眼眶泛紅!

這樣子對方有難,會感同身受、想要及時馳援的互動,不只在災害援助,還擴大到疫情期間贈送疫苗、口罩等防疫物資,以及支持台灣農產品。尤其,當對方發生困難時,兩國人民時常惦記曾經接受過的支持,說是「報恩(恩返し)」而不居功。常言道:「施惠勿念,受恩莫忘」,台語也說:「吃人一口,還人一斗」,要創造善的循環,首要是心存感恩而後知恩圖報。台日的人民都是良善的,善的力量結合報恩的心形成循環。近年台日

關係變得很好，文化、經濟、體育等各領域交流密切，依我觀察來看，這幾年來，台日之間「善的循環」已深入台日基層民間。

我過去常說「共生」，談的是個體與個體之間的共存共榮。「善的循環」是更高層次，因為互助，達成雙贏，是共生的昇華；這種深植於民間的互動，也是兩國友好的最高境界。

「善的循環」這概念值得繼續推廣，成為世界的模範。世界要和平，就用「善的循環」開始：每一個交流都讓它有善的結果。困難的時候幫忙，幫忙時抱持感恩、回報的心，形成一個能量，變成循環，這很有意義。

03. 平成到令和的改元換代

日本天皇皇后主辦的御苑園遊會，送印有皇族菊紋的紅豆餅，看起來十分高雅。

日本是目前世界唯一仍然使用皇帝年號的國家。從西元 645 年，日本第一個年號「大化」開始，年號制度延綿至今已持續了 1300 多年。

早年每位天皇可能因天災戰禍而啟用多個年號，一直到 1868 年明治天皇確立了「一世一元制」，亦即一位皇帝一個年號。

從留學、駐日到離任，見證三個時代：
昭和 1901、平成 1989、令和 2019~

台灣人熟悉的明治、大正、昭和、平成、令和等都是如此，皇帝活得久，年號就使用得長。如裕仁天皇的「昭和」（1926-1989 年）有 64 年，是日本最長、同時也是世界最長，勝於大清帝國最長年號「康熙」（61 年）與「乾隆」（60 年）。

年號也成為日本人區分活存年代的象徵。從明治最後一年（即明治 34 年）到 2024 年（令和 6 年）共有 117 年，所以現在 117 歲長輩便是活過 5 個年號的人。而目前日本最長壽的人是 117 歲，只有一、二人而已；一般人生都是百歲以內，都差不多是跨越三或四個年代。

我留學京都在昭和 47 年，就任駐日代表時是平成 28

年，離任時已令和 7 年，親身經驗跨越三個時代。日本過年時 NHK 播出的紅白歌唱大賽（日語「紅白歌合戰」），在我留學時演唱的是歌謠，當紅登場的是美空雲雀、橋幸夫，現在則多是偶像團體了。

2019 年時，在 1989 年 1 月 8 日即位，開啟平成時代的明仁天皇，以高齡 85 歲年邁無法做好「象徵天皇」的任務為由，而於 4 月 30 日退位。太子德仁在 59 歲之際接下皇位，於 2019 年 5 月 1 日即位為新日皇。日本開始施行新年號「令和」，進入新時代。

對所有日本人來說，改元換代是一等一的大事，整個社會有很多相關議題的討論。那是我擔任駐日大使的第 4 年，正好見證了這個世代的轉折與傳承。

85 歲明仁天皇破例主動退位，尊號「上皇」
德仁接任，令和出自《萬葉集》：令月氣淑風和

首先，因為平成天皇並非離世，只是主動退位。退位的天皇要如何稱呼呢？學者有很多不同意見，前天皇、老天皇、原天皇、太上皇等等，經專家學者不斷研究，其尊號確認為「上皇」（日文じょうこう），才平息定案。

其次，年號要改成什麼？近代日本年號取名都取自於

中國古典，如易經、詩經跟史記。像昭和是來自《尚書》中「百姓昭明，協和萬邦」，平成出處於《史記‧五帝本紀》中「內平外成」以及《尚書》「地平天成」。

不同於以往，「令和」則是破天荒引自於日本詩集《萬葉集》，這是日本現存最古老的和歌選集，被譽為日本的《詩經》，其中〈梅花歌卅二首‧並序〉有段「於時仲春令月氣淑風和梅披鏡前之粉，蘭薰珮後之香」（原文：仲春の令（よ）き月、時は和（やわ），らぎ は清し）。新年號由時任內閣官房長官的菅義偉拿著毛筆字寫的「令和」二字正式公布於世，一時間菅義偉也備受注目，甚至被日人稱為「令和大叔」。新年號公布後，台灣也同步收到通知。網路一些流傳著「日本不通知台灣」的假消息也自然不攻自破了。

德仁天皇繼任之後，緊接著是一連串國事儀式，最高峰當然是「即位禮正殿之儀」，相當於其他君主制國家的加冕式或即位式。當然，台灣駐日大使也在受邀之列，我也因此見證諸多平生罕見的場面和禮節。

以駐日大使身分受邀出席即位禮
親睹盡顯宮廷風華的器物、服飾、儀仗

為了這場即位典禮，日本政府邀請國內外賓客多達 2 千多人，包含來自全球 190 國的元首、使節與各國皇室成員，齊聚一堂，可謂冠蓋雲集。與會出席者穿著服裝也是不凡，除有些人以穿著傳統服飾以示尊敬之外，主辦單位建議穿著禮服：男士穿著深色燕尾服、黑色亮面皮鞋；女士則是長身典雅洋裝。

我雖然有幾套正式場合的西裝，但穿燕尾服還是頭一遭。連同亮面皮鞋只好緊急一起向外租借。燕尾服素以優雅品味著稱，但穿搭非常講究也有很多細節，怕穿錯失禮只得在服裝師的指導下手忙腳亂完成。

「即位禮正殿之儀」典禮是新天皇正式向海內外宣告登基並接受眾人祝福的儀式。選在東京皇居正殿中央的「松之間」舉行，也是日本重要儀式中規格最高的場所。大庭中間設有「高御座」，台上放有象徵日本皇權三神器中的「天叢雲劍」、「八尺瓊勾玉」，以及國璽和御璽。

新任的德仁天皇跟雅子皇后穿着日本平安王朝以來的古典正式服飾，在身邊一眾侍臣引導下魚貫而入。德仁天皇身穿純白的「帛御袍」，搭配一襲赭色「黃櫨染御

袍」。皇后雅子則梳起「大垂髮」，穿上純白色的「十二單」禮服。所謂「十二單」顧名思義是 12 套件的傳統和式大禮服，但也不限於 12 件，有些甚至多達 16 件，材質設計都非常高貴典雅，但重量十分可觀，據說加起來超過 20 公斤。

東京由陰轉雨又陽光普照、乍現彩虹，
蔡英文總統推文：象徵台日情誼美麗深化

典禮過程一切依循皇室古禮，場面十分盛大隆重。現場裝飾隨處可見結合日本神道教與西方宮廷文化的巧思與寓意。如天皇巡行的儀仗隊伍，前面有日本神道教的神官舉幡，而後面的天皇卻坐在一輛西式的皇家馬車當中。可以說，這場儀式將日本宮廷的千年風華盡顯於此。

當天東京天氣從陰霾到下雨。上午進場時還感覺雨勢不小，但到了中午時分，就在典禮開始不久，我坐在中段席位挺直身體往前看，突然看見玻璃窗外一名攝影者的衣服反射亮光，發現陽光射入室內一公尺多，照射到第一、二排的貴賓身上和地板。原來是天空突然雨停放晴。後來才得知東京上空出現了一道彩虹，很是巧合。

典禮結束離開會場後，接到朋友傳來不同的彩虹照

片。總統蔡英文發出推文祝賀也寫道:「天皇陛下的即位禮正殿之儀,由衷的致上慶賀之意。期盼令和時代也能成為長久美好的時代。衷心期盼如同今天東京天空的那道彩虹一樣,台灣與日本的情誼能越來越美麗深化。」

對令和時代的開始,我也寫下我的祝願:祝賀日本有一個和平、繁榮、團結的新時代。我更期待在令和時代,日本跟台灣能持續平成(時代)「善的循環」的友好關係,創造一個世界和平典範的新時代。

04. 回顧百年難遇的大疫

2020 年 4 月 22 日，與日華議員懇談會會長古屋圭司，在成田機場一起迎接台灣捐贈日本的口罩。

通常，歷史大事件，如大災害、奧運、朝代交替、戰爭等，幾十年甚至百年也難得一次。駐日大使一任至多 4 年，即便連任也不過 8 年，我這 8 年任期卻似乎通通經歷到了！有的對台日關係影響很大，也特別難忘；其中新冠疫情，單一傳染病疫情遍及世界，影響前後達 3 年之久，幾乎佔去 8 年任期近半，可說是空前的。

2020 年 5 月，日本新冠疫情確診已逾 15000 例
如今想來，真是難以置信！

2020 年 1 月 9 日世界衛生組織（WHO）發表聲明，指中國武漢市出現肺炎的群聚性個案，日本厚生勞動省檢疫所開始關注到此一情況，在官網上將其表述成「武漢肺炎」的個案。

很快的，1 月 16 日一名住在神奈川縣的 30 多歲中國籍男性從武漢返回日本後被發現確診，這也是日本首宗確診個案。隔月神奈川縣出現全國首宗死亡個案。3 月來自歐美的旅客及回國者又引發第二波疫情。

面對這場百年一遇的災變，日本政府試圖採取各種措施，嘗試阻止及緩和疫情，但到了 5 月，全國確診個案已超過 15000 例。駐日代表處辦公處所那時也配合日本政府的防疫指引，努力的預防疫情入侵。

2020年1月20日從橫濱出發的鑽石公主號經過多日巡航與多處停泊後，2月3日搭載了3711人（含船員）返回橫濱，半數為日本人，其餘來自台灣、香港、美國、加拿大、英國等國家，其中台灣人有22位。

然而在鑽石公主號抵達橫濱前，有一位在香港下船的香港籍旅客出現症狀並被驗出確診，日本政府接獲通報後，對船上旅客採取留置並進行採檢。

鑽石公主號有3711人，其中22位台灣人
台日共同面對全球矚目的防疫大挑戰

來自郵輪上的訊息一日數變。一開始是「船上沒人感染」；接著傳來「可能要延後下船」；最後是「無法下船」，這也使乘客人心浮動。但在疫情之初，當時大家對Covid-19病毒全然陌生，也不知道究竟是口沫傳染還是空氣傳染？潛伏期有多久？潛伏期會不會傳染？在各種不安下，最保守的做法就是一律隔離14天，但郵輪裡有賭場、咖啡廳、舞池、麻將室、卡拉OK等密閉空間，而且空氣是以中央系統循環，隔離效果相當有限，以致到後期每天都傳出確診感染增加[2]。

---

2 編按：鑽石公主號上採陰性的台灣旅客在2月25日就搭機返台，世界衛生組織直到3月11日才宣布大流行。

駐日代表處第一時間即接獲消息，我理解這種情況對乘客、對家屬來說，每分每秒都是煎熬。當即下令駐處必須全力支援，除了反映船上台灣旅客、家屬意見，解決緊急需求問題，也兼顧船上29名醫生、18名護士，以及12名藥劑師意見；情況是否危急重大，仍須尊重其專業判斷。此外，防疫事大，不能輕率作為，我們也必須配合日本厚生省的措施，同時也遵循國內中央流行疫情指揮中心的調度。所幸在我們積極雙邊協調下，很快台日雙方對後續安置方案都有共識下，安排讓台籍旅客能下船回家。

　　但隨即又出現新問題。在初期依船公司登記，以及國內傳來的台灣人登船人數，包括一名工作人員（廚師）、臨時登船的表演者（魔術師）等有20人，但在我們開始著手安排國人包機返國時，卻還有另外十多名台灣人自動來聯絡。我只好下令再清查一次船上的國人數字，以免有疏漏之虞。

　　這樣一個事件讓我學到一個經驗，統計台灣籍的人數都會比初期調查時增加，因為有些台灣人擁有雙重國籍。這些旅客擁有美國或日本國籍，不是持台灣護照登船的，所有台籍乘客加船員，連同具有雙重國籍者共27人。

代表處嚴陣以待，所幸只有一次群聚小失守
因為特別留意健康，感恩個人三年間全然無恙

　　經過多方努力，得知台籍乘客可以下船，我親自率同仁去接應。台灣也派專機，扣除有 7 人確診須隔離留在日本，還有一位自行搭機前往香港，共有 19 位乘客，加一名醫生隨行，搭上包機返台。到此，我終於放下心裡的一塊大石頭。這個過程，我也從日方處理過程，學習了不少寶貴的防護經驗。

　　隨著疫情蔓延全世界，有些地方情況嚴峻，必須進行撤僑，但僑民要回台灣不易，像俄羅斯、南美秘魯，都必須從日本轉機，駐日代表處也是責無旁貸。我都親自前往現場，身為主帥不會因為怕感染而躲到第二線。

　　疫情期間，我們辦公室全面配合日本政府的防疫規範：避開三密空間（日本指密閉、密集、密切接觸的場合），要求戴口罩、勤消毒；有些工作允許在家做；每周一次的會議改為二周一次或取消。因為控制得宜，一年多沒有出現確診病例，直到 2021 年 5 月，一位送公文的打工學生，因家人感染而確診，我因每天批公文，也被列為「濃厚接觸者」（高風險接觸者）。當時正值立法院要求我在 5 月 24 日回去報告，只好請假，不過，後來台灣疫

情升高，立法院也取消開會。

那時日本政府對住在日本的外國人提供免費施打疫苗，我們都配合施打；而外交部有按月寄來口罩，讓我們覺得溫暖，因此防疫成果甚佳。一直到 2022 年的年初，因為有一個單位舉辦歡送會，造成群聚而失守，殊為可惜。我自己三年中連一般感冒都沒有，非常感恩。

疫情期間的台日互動，非常感人，有不少溫暖的故事。在初期，日本因平時口罩靠中國進口，疫情爆發後，中國停止出口，市面短缺，有點慌亂，而台灣因為實施數位實名制，並有國家隊投入生產，相對安定，所以台灣主動贈送口罩給日本。

善的循環：2020 年台灣捐贈口罩給日本
　　　　　2021 年日本捐贈台灣最需要的疫苗

2020 年 4 月 22 日中華航空的飛機載了台灣政府贈送給日本的 200 萬片口罩抵達成田機場，由日華議員懇談會會長古屋圭司與我在場迎接。古屋會長致詞表達感謝外，表示將盡速把這些口罩送給特殊學校及社會福利機構。不久，我們就收到很多小朋友的感謝函，有的還附上漫畫或繪畫表達他們的感謝。

此外，在日本的台灣人團體如台灣商會、台灣華僑總會也自動伸出援手，採購口罩、消毒水送給日本。不只如此，有些個人像京都的王輝生醫師，從台灣募集數百萬片口罩分送給滋賀縣的大津市及其他自治團體，東京的大岡愛小姐以個人力量將募得口罩轉送神奈川的座間市政府，也被地方媒體報導，均為台日的民間友好留下佳話。

2021年5月中旬，台灣疫情升高進入三級警戒，衝擊社會、經濟與人心，因為中國的打壓，台灣採購疫苗比其他國家更困難，並且交貨遲延。在缺乏疫苗而疫情蔓延的情況下，政治和社會都引發不安和混亂，親中勢力和媒體施壓政府接受中國的疫苗。

剛好這時我看到新聞報導說日本採購BNT、莫德納和AZ三種疫苗，會優先使用前兩種，AZ可能暫時用不到，於是就在5月24日晚上美國駐日代理大使楊舟、前安倍首相輔佐官園蒲受邀到官邸用餐的時候，提出基於人道請日本支援疫苗的想法。

楊舟和園蒲都表示構想很好，我隔天就回報蔡總統，詢問她的意見和數量，此外我也分別拜會古屋圭司及其他舊識的日本議員，可能多管齊下複式動員的結果，很快就有了好消息。

疫苗當時是戰略物資，施與受均須謹慎、守密
十日寧靜作戰，國安、外交系統全面動員

疫苗支援要採取何種模式？我們表示，台灣願意出費用，但研商結果認為，買賣會讓問題變複雜，因為涉及價錢多少？台灣開先例之後，別國能不能買？都涉及複雜法令。

後來決定以贈送方式處理。但是 AZ 是緊急授權日本的藥品，如果有問題，日本政府必須負責；一旦日本再轉贈台灣，若注射結果有意外，應由誰負責？

既然是無償提供，按理應由台灣政府負責，但駐日代表處形式上是民間單位，其間如何處理？有一大堆法律與程序上的問題須一一拆解；有些英文文書照理都要請國際律師看過後，翻譯成中文，再呈報外交部決定。惟疫情緊急，為了爭取時間，只好以我律師的專業知識迅速決定。

就這樣，日方決定第一批在 6 月 4 日無償送給台灣，但運費、倉儲由台灣負擔。有人說沒有看過日本政府這麼快的決策和執行；因為疫苗在那個時候是戰略物資，大家都在搶，台灣社會更是殷切期盼著。為了確保安全送達，在飛機起飛前我們都不能漏口風，除了向總統

府、外交部報告外,我們已經訂好倉儲及冷鏈冰箱,但對外都說還不知道。

整個過程前後才十天之間,我的心境卻猶如經歷一場大戰,心情起伏由擔憂疑慮到最終塵埃落定。後來有媒體把這個過程描述為涉及台日國安與外交系統全面總動員的「十日寧靜作戰」,我覺得蠻貼切當時的情況。

雪中送炭,日本總共捐贈 6 次 424 萬劑
雨中鞠躬送行,願疫苗順利抵達,家鄉同胞平安

直到這批疫苗被裝上專機的前一刻,我偕同劉家愷祕書和政務組傅祕書連日到倉庫檢查疫苗包裝是否完好、冷凍溫度是否正常,就生怕出什麼意外。當時的心境,我至今依然猶記。

飛機要起飛當天,才正式通知媒體。我帶著幾位同仁直奔停機坪,沿途遇到日航職員也都高興祝福。當天下了毛毛細雨,大家以緊張又興奮的心情,注視著每一個冷凍箱隨自動輸送帶進入機艙,直到全數裝入,機艙的門緩緩關閉,那時整個心情才稍微放鬆。

當天是 6 月 4 日,也有畫家畫成圖畫,和中國 64 的肉身擋坦克的畫面對比,同是 64,同是救人。

想到故鄉台灣正有百千萬人翹首等待著疫苗，辛苦多日得到的這 124 萬劑疫苗一定多少對鄉親的健康生命來得及幫助，希望順利抵達台灣，想到這裡，心情又激動起來。我不禁彎下腰，對飛機深深一鞠躬，這張彎腰鞠躬的畫面，變成疫苗支援的代表性照片，也是我 8 年駐日大使工作最好的註腳。

因為 64 引起對日期的敏感，第二批疫苗本來要在 7 月 7 日，後來延遲一天在 7 月 8 日贈送。之後又陸續贈送 4 批，總共 6 次 424 萬劑，直到我們自己訂購的疫苗陸續到貨。

更多的感恩與施恩：台灣企業集資致謝、捐口罩日本採購被中國抵制的台灣鳳梨

台灣朝野都非常感謝，媒體以「及時雨」的疫苗稱之，民間人士自發性募款登報感謝，101 大樓、圓山飯店也都以打燈或排字方式，表達感謝之意。桃園一位李姓企業家主動聯絡捐助日本 124 萬片口罩，表示對日本第一批疫苗 124 萬劑的回響。

此外，台灣政府也回報贈送血氧偵測儀、氧氣製造機給日方。總之，那段期間台灣和日本不論政府或民間都

把患難見真情的精神發揮到了極點。

　　這中間有段插曲，就是中國突然在 2021 年 3 月以台灣鳳梨有果蟲為藉口，停止進口台灣鳳梨，造成種植鳳梨農家和相關業者的損失和恐慌，好在當時台日互助的氣氛高漲，不少日本國會議員、企業人士紛紛主動採購或宣傳，安倍前首相也拿著台灣鳳梨拍照推銷，結果當年鳳梨的輸出日本數量，比起前一年增加七倍，成功的抵銷中國禁止輸入造成的損害，更深化台日善的循環的佳話。

05. 巨人殞落,我們仍會持續前進——弔唁李登輝前總統

代表處在官邸旁的小庭院設置弔唁處。

當代政治人物中，李登輝前總統可說是日本最熟悉，也是影響台日關係最深的台灣人物。2020年7月30日辭世消息一出，很快引發日本各界關注，NHK等各大媒體在第一時間紛紛報導。日本各界友人的悼念與問候，很快地湧入代表處。

方便各界表達對李前總統的緬懷與追思
代表處緊急動員設置悼念弔唁處

基於李登輝前總統是影響台日關係的重要人物，我覺得應該設置一個簡單的悼念簽名處，讓各界可以來表達他們對李前總統的緬懷與追思。

但弔唁處要設置在哪裡，確實需要加以斟酌，因為駐日代表處雖然名義上是非官方機構，辦公室仍有濃厚的台灣政府色彩，對很多日本政治領袖來說，前來可能會有所「不便」。我與幕僚考慮幾個場所，最後我拍板決定設在我官邸旁的小庭院（緊鄰代表處辦公室），我個人並不忌諱弔喪，對來訪的政界賓客而言，避開了台灣政府色彩；我也方便兩頭照料，有利於國家與外交。

此後整個代表處立即忙碌起來，周末大家加班整理佈置，周一8月3日下午正式對外開放，提供各界前來悼

念，直到 8 月 7 日為止。當時受到疫情影響，有消毒及安全距離等配套要求，並且婉拒花圈花籃及奠儀，僅供在現場表達哀悼、獻花與寫字留念。同時依熱心友人建議，在會場播放「化為千風」的音樂。祈望李前總統翱翔天際，化為千風，並守護台灣和日本的友好、幸福。

小泉進次郎／小池百合子／茂木敏充／岸田文雄親臨簽名，東京／大阪／橫濱／札幌／福岡 7000 人致哀

第一天約有 550 人前來悼念致意，還有許多人送來慰唁信函與鮮花。當時的安倍晉三首相特意發來弔唁電文，日本副首相麻生太郎、前首相森喜朗等日本多位政要則親自前來弔唁。其中麻生議員以副首相身分走進駐日代表處，是台日斷交之後的首次。

之後幾天，眾多日本政界人士陸續前來致上敬悼之意，足見李登輝前總統的影響力。如富士電視台就報導了當時環境大臣小泉進次郎（前首相小泉純一郎之子）弔唁時的發言：「2013 年擔任自民黨青年局局長時，曾拜會過李前總統。今後不論誰任局長，都會非常重視跟台灣的這份連結。」

此外包含東京都知事小池百合子、時任外相茂木敏

充、時任自民黨總裁的岸田文雄也親自來到駐日代表處，簽上姓名以示悼念。一向被認為是親中的自民黨二階俊博幹事長也公開表示，李前總統是偉大的指導者，希望有機會來到台灣弔唁。可見李前總統在日本受到的尊敬是不分黨派與立場。

除了政治人物之外，每天都有不少日本民眾主動前來排隊，依序入內表達緬懷。甚至同事告訴我，有民眾在凌晨五點就在門外守候，這讓我非常感動。除東京的代表處之外，大阪、橫濱、札幌與福岡4個辦事處也設置了弔唁台。我們事後統計，前後五天，合計超過7000多人前來弔唁，其中有近200位日本政壇人士。

一位台灣的前總統，受到這麼多日本人的歡迎和肯定，除了對台灣的民主貢獻外，他的人格特質，以及多年努力為台日關係所打下的深厚基礎，也是受到尊敬和懷念的重要原因。

李登輝思想影響日本政界，與安倍晉三亦師亦友
1999年贈書勉勵初任高雄市長的我

李前總統過往對台日關係提出很多想法，也深刻影響了日本政界。其中一位是已故的前首相安倍晉三，《李登

輝秘錄》的作者河崎真澄形容他們二人的關係有如「師徒」,安倍晉三第一次出任首相在 2007 年下台,李前總登輝鼓勵安倍晉三「再當一次首相」,並建議他加強日本自身的嚇阻力,減少對美國的依賴。李登輝前總統提過的「日本和台灣是命運共同體」,後來安倍首相提出「台灣有事,就是日本有事」,其實是一樣的意涵。

我曾在安倍首相的辦公室內,看到牆上高掛李前登輝寫的「誠實」二字墨寶,東京都知事小池百合子的辦公室也掛有與李前總統的合照。有些日本朋友甚至認為,李前總統對內完成「寧靜革命」,帶領台灣民主轉型;對外以小搏大,在惡鄰的威嚇霸凌下卻始終屹立不搖。在他身上看見了過去日本引以為傲的武士道精神,那是一種堅毅柔韌、勇於面對挑戰的精神。

90 年代李登輝前總統擔任國民黨主席,我們並沒有什麼往來。最初的交集應該是 1996 年台灣憲政史上首任總統直接民選。我跟民進黨的總統候選人彭明敏先生組成「彭謝配」,與國民黨李登輝與連戰的「李連配」是對手關係。

我後來當選高雄市長之後,有次去總統府拜會他,因為競選時的攻防對他有所批評而跟他致意,他毫不介意

的說:「你怎樣做好市長最重要」。之後他提供不少意見並送我一套由日本岩波書店出版的《岩波講座:現代都市政策》書十多本。那時候他對我說,你這個好好研究,那裡面有都市計畫、市政的經營、市政的理念。從那時候開始,就常有機會去請教他,算算也二十幾年了,可以用「獲益良多」來形容。

2008 大選感人正面評價:我這一票投給謝長廷,
著書明載:我認為他的條件可以擔任這個職位

李前總統過世後不久,我在紀伊國屋書店的台灣專區發現有一本《李登輝的實踐哲學》(井尻秀憲著、蕭志強譯),從前以為這是思想的介紹,因為我有多次近距離和他討論思想的問題,自認比別人了解,所以沒有想過要買。但那天在書店隨手翻一下,發現有 2008 年我參選總統失敗後,李先生的受訪記錄,就買了一本。

把書讀完,令我非常意外和感動。他的政治歷練豐富,為人謹慎,很少對當代的政治人物公開評論,但在書中卻對我個人有多次著墨。

我記得 2008 年 1 月的立委選舉,奉李先生為精神領袖的台灣團結聯盟和民進黨互相攻擊,結果兩敗俱傷。選

後我去拜訪他，他和家人都表示對民進黨很失望，並對選前民進黨執政有所責難。當時我只是請教他如何打贏一個月後的總統選戰，他給了不少建議，但言下之意，並不會支持民進黨，所以我也沒有邀請他助選。他在選舉中也一直保持中立態度，但選戰後期，他發表「我這一票投給謝長廷」的談話，引起大家的揣測。選後雖然有多次見面，但也沒有再問他原由。

意外井尻教授在跟他對談書中，清楚問他：「你最後才表明支持謝長廷，其中的過程如何？」李前總統也明確回答：「因為我與謝長廷素有私交，我認為他的條件可以擔任這個職位。」

這種肯定令人感動，針對我選戰敗選的因素和困境，他也替我再三解釋，尤其在選戰前後，對手利用我在黨內初選被批評的標籤，攻擊我「奸巧」時，他說：「在我看來，謝長廷是相當正直的人。」這種溫暖，更不禁令我眼眶泛紅，也感受他真的對我有很大肯定和期待。

「不二的友人」江口克彥長期呼籲日本重視台灣
我為京都大學西田哲學前輩實現退休駐日夢想

話說回來，李先生晚年始終掛心的，是台日關係對台

灣的重要性。日本新聞報導江口克彥前議員到代表處追悼時頻頻拭淚引起外界好奇。李前總統曾在「龍馬的船中八策與台灣的政治改革」書中，稱江口先生是「不二的友人」，兩人對民主改革與政策有深入互動，彼此交情深厚。

2018 年李前總統最後一次訪日，我特別趕到沖繩跟他會合聚餐，江口先生也在場作陪。李先生對台日關係非常關心，每次見面，他都會強調日本對台灣非常重要，也會抱怨我們不夠重視或做的不夠。我順勢提到需要江口先生提供更多的經驗和智慧協助，請李先生促成，他非常高興並肯定。

之後江口先生成立了智庫，提出「東亞八策」，呼籲日本政府重視台灣，強化台日人道救援，支持台灣加入 CPTPP 等國際組織。可以說，李登輝前總統對台日親善和對日政策的精神，透過最瞭解他的「不二友人」江口先生的建言和努力，持續在日本各個層面的具體作法上實現，真的是「哲人雖逝，精神長存」！

我與李前總統都曾留學日本哲學搖籃京都大學，他師承日本哲學京都學派的創始人西田幾多郎教授（京都大學）。西田是日本近代哲學史上最具代表性的哲學家，其

1911 年的代表作《善之研究》被譽為「日本最初，且唯一的哲學書」，開啟「西田哲學」一脈。我在京大專攻「法哲學」5 年之久，也深受「西田哲學」薰陶化育。台日之間，李前總統所播下「善的種子」得以萌芽扎根；我在駐日期間繼而開啟「善的循環」，使之延綿流長。

　　我從 2016 年駐日以後，每次回台灣都會去拜訪他。李登輝前總統曾跟我透露他退休之後，最想當的是駐日大使，推動日台友好。我恰巧被派駐日，也算幫他實現這個願望。

06. 不可思議的東京奧運會

奧運期間代表處設置了為台灣選手加油的專區。

對我而言，2020 年的奧林匹克運動會，真是上天不可思議的安排！

回想 2005 年，我擔任行政院長時，曾提出台灣應該要有爭取主辦 2020 年奧運的自信氣魄，遺憾次年初我便因內閣改組而離開行政院，這個願景也無疾而終。當年未酬的壯志，沒想到竟能以台灣駐日代表身分，在東京親身經歷這個當年想要爭辦的奧運會。

2020 東奧因疫情一波三折
最終延後一年、不開放觀眾進場

2020 東京奧運可以說是一波三折，好事多磨的賽事！

東京都曾在 1964 年舉辦奧運，57 年後再次爭取到 2020 夏季奧運和帕運，也是目前唯一舉辦兩次夏季奧運的亞洲城市。對此，日本全國原本瀰漫著樂觀和期盼的氣氛。

但就在 2020 年初，新冠疫情突然爆發，回顧當時因為疫情日趨嚴峻，東奧是否舉辦或取消？日本社會輿論陷入贊否兩極，面對世紀大疫，正反意見都言之成理。我個人的看法是，奧運既然是表彰人類體育競技精神的最高榮譽，它也是人類是否能打敗疫情的重要象徵；日本

既然取得此屆主辦權，就應該代表人類在此重大時刻留下歷史紀錄，證明人類克服萬難，勇敢在疫情中完成奧林匹克的比賽。同時也證明日本政府與國際社會，能攜手合作戰勝病毒。

我把這個想法貼在自己的臉書，也向熟識的國會議員，包括日華議員懇談會的古屋圭司議員表達。不過，隨著疫情發展，日本感染人數急速上升，反對舉辦的民意也逐漸增加，贊成舉辦的只剩下 35% 左右，政府強行舉辦勢必要付出政治代價。

菅義偉魄力決策，日本主場喜獲史上最多金牌
但決策正確的首相卻仍不敵奧運魔咒而下台

最終，當時的菅義偉首相決定延後一年舉辦，但顧及觀眾及選手安全，採取無觀眾的方式處理。這絕對會造成巨大經濟損失，但也顧全了國家整體防疫措施與參賽選手的健康，算是非常有魄力的決定。但代價是菅首相的民調支持率因此大跌。

2021 年 7 月 23 日，東京奧運終於在舉世矚目下正式開幕，雖然少了現場觀眾的加油聲，但運動健將們專注熱情奮力拚搏的鏡頭，仍然感動了螢幕前的全世界觀眾。

地主國日本隊也不負期待，創下史上最多金牌數目。得獎捷報傳來，讓很多日本國民為之興奮感動。根據當時民調資料顯示，超過六成以上的民眾認為「舉辦東奧是正確的」，但這卻沒辦法挽回首相菅義偉低迷的人氣和內閣支持率。菅義偉在 9 月初宣布退出所屬自民黨的黨魁選舉，對外界發表「不會尋求首相連任」。

即便是這位「令和大叔」也無法逃脫日本有名的「奧運魔咒」——只要日本舉辦奧運，那年的首相就會換人。1964 年東京奧運，當時首相池田勇人因病，在奧運閉幕式隔日便宣布辭職。1972 年 2 月札幌冬季奧運，7 月首相佐藤榮作因外交政策失去黨內支持而宣布辭職。1998 年長野冬季奧運，首相橋本龍太郎因所屬政黨選戰大敗，隨即宣布辭職。

四年一次的奧運賽場造就了無數的英雄盛會，但當中做出關鍵決策的政治人物卻未必能因此得益。我後來拜訪了菅義偉，為這件事向他致敬，兩人卻有不勝唏噓的感慨。

代表處協助選手日常,並盡可能進場加油
台灣得到空前的 12 面獎牌,備感光榮

我國選手是賽前才分批從成田機場入境,我除了親自到機場迎接,表示重視和鼓勵外,部分選手住在選手村外的飯店,我們代表處也都指派祕書進駐到各飯店,以提供緊急必要的服務。當時國內派來幾位剛報到的年輕祕書,雖是面對疫情大事,但都很熱心且責任感強,表現非常盡責。

因為這是首度在疫情期間舉辦奧運,有諸多防疫隔離措施與規定,從居住環境的隔離、飲食衛生,到選手個人行動自由、生活所需、換洗衣物、賽前練習等等可說諸多不便,駐處人員盡力居中溝通與提供協助,讓選手能做好最佳準備來出賽。

此外,此屆奧運是無觀眾比賽,可以出入賽場的人員有嚴格管控限制:每場比賽除了出賽選手、教練和少數行政人員之外,不再提供額外的通行證。就連各國使節駐處也只提供大使本人與少數人員入場,而且手續相當麻煩,必須打二劑以上疫苗,同時規定須 3 日內 PCR 檢測陰性。

我認為,為本國選手加油是權利也是責任;相信台灣

選手出賽時,如能看到有國人在場加油,即便是為數不多,也會備感振奮與溫馨。尤其,中國代表團成員有770人,選手以外的人員拿到的通行證也較多,所以每個比賽場都有他們的啦啦隊。台灣人數雖少,但我們駐處不能讓選手感覺勢弱,所以盡可能提高至場參與的場次,盡可能不錯過有台灣代表參加的任何比賽,全力為選手加油!

這段時間,我每天在臉書上以「服務」、「加油」、「分享」、「側記」四個單元報導我們代表處所提供的服務、現場為選手加油,以及精彩的點滴和大家分享,反應也非常好。

體操、桌球比賽引起無限感懷思緒
「台灣です!」是全場最高興難忘的一幕

合計我去觀賽和加油20次,其中有得獎熱門的競賽,像女子舉重、桌球、網球、羽毛球、柔道、跆拳、體操等;也有較冷門、還需要鼓勵更多人投入的項目,像輕艇、射箭等。少數幾項台灣選手出場的競賽因賽程衝突,不得已必須做出取捨。這次奧運會,台灣得到兩面金牌在內的12面獎牌。數量和排名都打破已往紀錄,在

種種困難的條件下有此佳績，誠屬不易，值得我們驕傲。

世界級的比賽，基本上都很精彩，選手也都拚命爭取優異表現，其中我印象較深的有兩個比賽。

一個是體操比賽。

由於我年輕時曾是體操選手，在中上運動會（全中運前身）中曾經拿過吊環單項的金牌，以及全能項目的銀牌。當時曾夢想有一天也能代表台灣參與奧運得牌（後來發現和世界水準有段不小差距而放棄）。如果我當時成為奧運國手的夢想如願，或許剛好遇上前一次 1961 的東京奧運。時隔多年後，如今以另一種身分，參與了 2021 的東京奧運，對我來說真是別具意義。

尤其在東京奧運現場看到台灣李智凱選手勇奪銀牌，一時間如同自己年輕時代的夢想被實現，那種欣慰與興奮，真是筆墨難以形容。

另一個是桌球項目，來自高雄的莊智淵比賽。

當莊智淵得分時，坐在場邊觀看的教練及林昀儒、陳建安就起身鼓掌加油。那時我正好坐在他們後方二樓，也一樣站起來鼓掌，大家動作一致，喜怒哀樂也一致。就是這一刻，「台灣」變得很具體，「我們是『一』體感」

突然清晰浮現，這就是運動比賽的凝聚力吧！霎時有股電流湧上心頭，久久感動莫名。

回想我 25 年前當高雄市長時，莊智淵還是學生，多年來始終不間斷的代表台灣在國際比賽。這次雖然沒有奪牌，但其奮戰不懈的精神，提攜後進的努力，長期贏得國人尊敬。[3]

本屆東奧最難得、最令台灣人難忘的，應該是開幕式我國選手出場那一刻，由於我們是以「中華台北」名義參加，依日本片假名順序正好排在中國隊前面。NHK 播報員介紹時先說中華台北隊，隨即補上「台灣です（這是台灣）」，瞬間現場掌聲大響，據說在電視機前看轉播的許多駐處同仁也不禁鼓掌起來。台灣長期在各種國際競賽中，為了不被中國打壓，只能委屈以「中華台北」的名義參賽。當日本媒體直接說出「這是台灣」時，這種心情真是既高興又感動。

3　編按：莊智淵因此獲選為「2024 台灣真英雄」。

28個城市熱情登記接待台灣選手
在日台僑無微不至照顧，團長林鴻道積勞成疾

後來在8月的帕運開幕典禮，當拿著「中華台北」牌子的隊伍一出來，NHK主播杉浦也介紹了「這是台灣」，並淡定的補充說「台灣用中華台北名義參加奧運和帕運，在東京奧運獲得2面金牌在內的12面獎牌，是史上最多，帕運期待再躍進」，以平靜的語氣為觀眾介紹這個地圖上找不到的國家──「中華台北」就是台灣。

NHK為日本最大的電視台，主播不屈服政治壓力，也不輕率製造爭議；守住專業，更守住台灣尊嚴，其表現實在令人佩服。

那一年底，「台灣です」成為台灣社會最流行的一句話。

東奧設有接待城市制度，在奧運前一年2019年，主辦單位讓日本各城市自願登記希望擔任哪個國家的招待城市，提供該國參加選手練習場地及後援等，結果有多達28個城市登記為台灣的接待城市，包括靜岡縣靜岡市、茨城縣笠間市、福島縣南相馬市、岩手縣野田村、千葉縣的銚子市等，在各參賽國中排名最多。

後來因為奧運延期，加上有防疫政策的限制，實際上已經無法到東京以外的地方練習。但我們駐日代表處仍逐一表達感謝他們的好意，也安排這些接待城與台灣進行各種藝文、學生交流活動等。[4]

　台灣選手來到日本出賽，最激動興奮的，往往是在日台僑們。旅居日本的台灣人在奧運期間無論代表隊抵達機場接送機、採購水果點心請駐日代表處轉送、天氣太熱體貼採購散熱小物給選手使用等等，本屆雖遇疫情無法進場加油，但支持我們選手的熱情絲毫不減。東京奧運台灣隊的團長是林鴻道先生，非常盡責，幾乎每場比賽都不缺席，全力為台灣隊加油，熱情相當令人感佩。

　但此時也發生一件令人扼腕的事，期間林鴻道團長突然因過勞病發，送院開刀長達5小時。也因為疫情隔離，從他住院期間一直到離開日本，我沒有辦法去探望或送行，對此我也深以為憾。

---

[4] 編按：詳見本社出版《台灣與日本「善的循環」》第22-29頁。

07. 台日漁業衝突與漁民權益保護

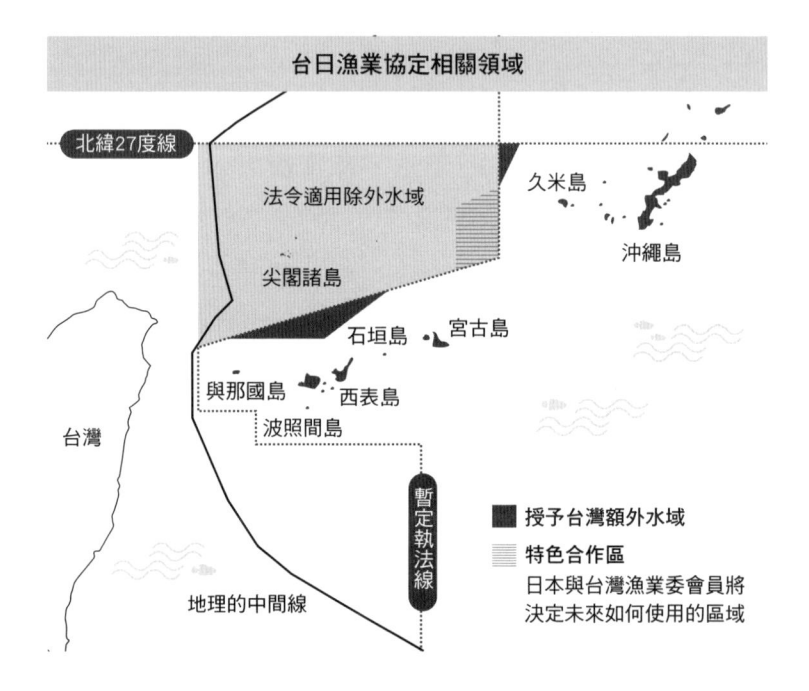

台日漁業協定相關領域

北緯27度線

法令適用除外水域

久米島

沖繩島

尖閣諸島

石垣島　宮古島

與那國島　西表島

波照間島

台灣

暫定執法線

地理的中間線

■ 授予台灣額外水域

▦ 特色合作區
日本與台灣漁業委會員將
決定未來如何使用的區域

資料來源：《沖繩時報》2013 年 4 月 11 日。

保護漁民是政府的職責，這一點無庸置疑。但遇到與鄰國發生漁船糾紛，尤其涉及主權爭議時，很容易對外成為外交衝突。台日漁權之所以爭議的關鍵點是釣魚台群島主權歸屬問題。台日兩國，甚至是中國，都有明確表態，也互不相讓。2008 年 6 月 10 日，台灣海釣船聯合號在釣魚台群島外海，遭日本海上保安廳船艦巡視艇撞沉，甫上任的馬政府更召回當時的駐日代表許世楷以示抗議。

與安倍政府簽訂《台日漁業協議》：只「管理」，不「取締」，是緩衝糾紛的重要規範

　　2016 年 520 政權交替前夕，正好發生我國籍漁船「東聖吉 16 號」4 月 24 日在沖之鳥附近海域，遭到日本公務船扣捕。當時我已被將上任的蔡英文總統指派，即將赴日擔任大使。我意識到這問題的嚴重性，花了許多時間研究，也請教不少專業人士。

　　事件當下，台日漁業之間有一重要基石：2013 年 4 月 10 日台日第 17 次正式漁業會談，安倍政府與台灣所簽訂的《台日漁業協議》。這項協議，一方面明確擱置主權爭議，雙方對劃界有所爭議的地區視為「排除對方法令適

用海域」（請見 86 頁圖），雙方在這個海域內僅對本國的漁民進行管理，不針對對方進行取締措施。日本政府同意增加台灣漁民在釣魚台周邊 1400 海里的漁捕作業區，我方漁民權益也受到保障，這為緩衝雙方漁民糾紛立下良好基礎。

事實上，漁權是領土的延伸，台日漁權爭議的關鍵點是釣魚台群島主權歸屬問題。安倍政府之所以做出讓步，很大原因是 2011 年日本發生 311 地震時，台灣各界大量的捐款與援助，讓很多日本人深受感動。因此，即便沖繩漁民也曾為此對政府提出強烈抗議，但安倍政府在考量台海長期穩定以及台日情誼下，仍願意做此決定。由此可見安倍首相的智慧與對台善意。

以外交智慧執行協議，讓漁民合理合法作業
雙方「權益」、「安全」並重，八年零扣押

我進一步深入問題後發現，台日漁民在海上作業時，雖有衝突，但有著更多的海上互助，每年發生雙方漁民漁船急難互助的事件多達十幾件，有些是漁民落海被對方撈起；有些則是漁船失去動力，對方施予救援。

我認為，要維護我方漁民權益，也包括保護漁民安全：

讓漁民在合理合法的範圍內進行海上作業,更能避免因糾紛而帶來的風險。《協議》固然可以為雙方帶來合理的捕撈作業空間,但更重要的是兩國之間必須互信,才能避免糾紛進一步激化。

從過往擔任行政院長以及參選總統的經驗中,我了解政府在面對主權爭議固然必須有嚴正立場,但做為第一線的外交人員,尤其是駐日全權大使,面對爭議時,則必須有盱衡折衝的智慧。

漁民是弱勢,不應該由政府直接對人民,而是政府之間要談。萬一出現用公權力對付漁民的狀況,漁民當然會引起很大反彈。

我上任以後,在相關部門間積極奔走協調,除了拜訪日本海上保安廳官員,也建立了雙方漁業部門的互信。加上現代科技進步,衛星對海上船隻定位,雙方都一目瞭然。通常我方漁船若有越界,日方會先警告,我方海巡署也會提醒漁船,反之亦然。這套規則長期執行下來,雙方已形成默契。

從數據上來看,從 2012 年到 2016 年 5 月我就任前,發生了 17、18 件台灣漁船被日本扣押的事件。我到任後,從 2016 年 5 月直到 2024 年 6 月則是 0 件。「8 年 0

扣押」這個亮眼成績，足以說明我們駐處同仁的努力成果。

「福洋 266 號」事件，講理、據理而力爭：
漁船原處等候未拖離，船長當天交保未拘留

然而，在我卸任前兩個月，卻接連發生兩件我方漁船被扣押的事件。2024 年 7 月台籍漁船「福洋 266 號」事件，該漁船因超出我國海巡署執法線 1.5 海里遭日本公務船登檢。

漁船扣押慣例往往是：對方公務船登船後帶走所有人員，船隻被拖離作業海域到公務船的母港，漁民支付罰款後取回。此次，經駐處緊急居中協調，基於長期的善意基礎，日方僅將船長帶回福岡偵訊、漁船則是停留原處等候。當天法院裁定交保後，很快繳納保釋金辦理交保，船長再被送回漁船，與其他船員一起原船返國。保釋金是保證這位船長未來必須出庭接受審判，除非惡意棄保，不然這筆保釋金仍可要回來。

這是我 8 年任內中的第一也是唯一一次，對我而言多少是一種遺憾，但仍慶幸快速順利解決。

台日達成的漁業協議得來不易，雖然仍存在有雙方爭

議的重疊作業海域,但日本是一個文明法治的國家,凡事要講證據。事件發生時,我們也立即去詢問日本海保廳「你們為什麼扣留我方的船長?」結果他們拿出衛星圖與現場影像給我看,顯示我方船隻確實越界作業。

國際外交場合凡事要講「理」,才能據「理」力爭。事件發生後,在野黨與部分媒體對我群起攻之,批評我是「『助』日代表」,很明顯昧於事實,或故意抹煞駐日代表處相關人員的努力。

2016啟動「台日海洋合作對話」,持續海洋事務合作:取締走私、海難搜救、科學調查……

台灣和日本保持相互尊重,對雙方漁民都是有利的,不需為凸顯爭議而妨礙雙方的友好。

撇開漁業糾紛之外,台日兩國在海洋事務方面,還有更多廣泛的合作。如2016年10月啟動「台日海洋合作對話」,2017年第二次會議簽署「台日海難搜救合作備忘錄」,同時達成在漁業、海巡合作及海洋科學調查等領域持續對話之共識。

2024年7月,台灣海巡署和日本海上保安廳在千葉縣房總半島海域展開共同訓練。這是依據台灣日本關係協

會和日本台灣交流協會簽署的海難搜救備忘錄,由我國海洋委員會海巡署執行的活動,對雙方在海上取締走私、災難救援、搜索的合作以及技術經驗的交流,都非常重要。日本也許顧慮強勢鄰國的借題發揮,一再聲明台日海上演習不是針對特定國家。但這次選在千葉外海低調進行,還是 52 年來重大突破的第一次,深具意義,背後許多人長期的努力和曲折的推動,功不可沒。

第 二 部

地緣政治與政情觀察

08. 福島食品與加入 CPTPP 國際貿易 夥伴協定

福島的酒和天然水在 2016 年都獲得世界食品品質評鑑的金獎，其中檢測項目也包括輻射值，比食品還嚴格。

2011 年 3 月 11 日的東北大地震，是日本有紀錄以來規模最大的地震，連帶造成福島第一核電廠的核能災害。當時各國政府因為擔心輻射污染食品，紛紛暫停輸入日本福島縣與周圍地區的食品。

2011 福島核災造成各國輸入禁制
2015 全球陸續解封，2021 只有中、台未開放

台灣衛福部也於 3 月 25 日宣布暫停福島、茨城、栃木、群馬及千葉等 5 縣所生產製造的食品輸入；並對於 5 縣以外地區的食品輸入，包含生鮮冷藏蔬果、冷凍蔬果、活生鮮冷藏水產品、冷凍水產品、乳製品、嬰幼兒食品、礦泉水或飲水、海草類、茶葉等 9 大類食品的輸入時逐批查驗。

到 2015 年，包含加拿大、紐西蘭在內的 13 個國家皆逐步解除對日本食品輸入的管制；而美國與歐盟等國則規定包含福島 5 縣在內，只要檢附產地證明與輻射檢測報告即可進口。2020 年間，增加至 38 國，到 2021 年已達 41 國完全解除禁令（我們鄰近的韓國、澳門及香港則是只禁止部分產品品項輸入）。當年，全球只剩台灣跟中國仍對日本福島等五縣市生產的食品採取全面禁止輸入，中國甚至管制範圍達福島周邊 10 個縣。

台灣在 2015 年後便陸續有輿論認為，應該效法其他國家，回歸正常國際貿易，以科學依據判定食品安全，再按風險調整並管控進口食品，而非全面禁止進口。

然而，國際貿易遇上國內政治操作，讓此一議題在台灣演變成政黨攻防。在野黨將這五縣市套上「核食」的稱呼，訴諸民眾的食安恐懼。特別是在 2018 年提出「反核食」的公投第九案，主文為「你是否同意政府維持禁止開放日本福島 311 核災相關地區，包括福島與周遭四縣市（茨城、栃木、群馬、千葉）等地區農產品及食品進口？」最終公投結果以 779 萬票贊成、223 萬票反對通過，維持進口管制。

在野黨發動公投，致須延長管制，
因不符自由貿易原則，錯失加入 CPTPP 良機

受到公投結果約束，直到 2020 年 11 月 30 日，我國政府不能解除這項管制。然而，就在此事的過去幾年間，正逢美、日、加、澳等國家籌組「跨太平洋夥伴協定（Trans-Pacific Partnership, TPP）。尤其是 2017 年美國退出後由日本主導，改組為「跨太平洋夥伴全面進步協定」（Comprehensive and Progressive Agreement for Trans-

Pacific Partnership, CPTPP），並擔任 CPTPP 輪值主席國。2018 年正式生效，目標是開放自由貿易市場，消除成員國之間 98% 關稅。

台灣經濟是以外貿導向為主，加上 CPTPP 多數成員國都是我們重要貿易夥伴，合計占台灣貿易總額的三成以上，CPTPP 的重要性不言可喻。眾所皆知，台灣申請加入國際經貿組織時屢遭中國打壓以至於不得其門而入。當時中國尚在評估，尚未決定是否申請加入 CPTPP，台灣如能搶在中國之前申請加入，加上日本為時任 CPTPP 的主席國，將是聲援台灣力道最強勁的國家之一。

然而我判斷，台灣勢必面對解除「福島食品輸入禁令」的問題。因此，我在 2018、2019 年曾兩度建議政府解除進口管制，主要也是基於台灣加入 CPTPP 的策略考量。因為自由貿易的原則很清楚，國際應該有共同的標準，任何會員國不可能自行其道。當 CPTPP 的 11 個成員國當中包含美國與歐洲都已從科學觀點認定福島 5 縣食品沒有危險性，台灣若想加入，很難持續對日本說 NO！世界貿易組織（WTO）是允許當災害發生時，國家可採取一些措施，因為那時候情況不明，所以可以禁止、暫時中止（他國食品）輸入，但是經過一段時間後，事情須合理，應有科學事實作為基礎。

食品安全三段式思考：以科學證據確認是否污染
我 2016 赴日便在東京超市親見「福島縣產」

2022 年行政院宣布福島五縣食品輸台解禁，這個決定等於是去除了自由貿易的障礙，這是符合加入國際社會的正確道路。但可惜的是，日本已不再是 CPTPP 主席國，加上中國也同時申請加入，開始干擾我國申請加入的進程，台灣錯失參與 CPTPP 的最佳時機。

日本國內又怎麼看福島食品？國內有人宣稱，福島等 5 縣的食品連日本人都不敢吃、日本市場不能賣，所以硬要出口到台灣，這樣的說法頗有煽動力，卻不是事實。我在 2016 年時就在臉書貼文，駐日辦公室附近的超市就有販售福島產的花椰菜，產品更清楚標示「福島縣產」，每天都有民眾去買。其實，日本人普遍重視對自己的健康，食品管理非常嚴格，不可能允許檢驗不合格的危險食物還能在超市販售。

我就任駐日代表以來，日本官方從來沒有用福島等食品的開放做為與台灣談判任何事項的條件。即使是 2021 年台灣對新冠疫苗需求急迫的時刻，日本政府決定向台灣提供免費疫苗，過程中沒有任何官員向我提出要用食品的問題來做為交換條件。我認為，日本政府也很清

楚，國際是否開放福島食品是「外交交涉、國際貿易規則」的問題，不是「台日友好」的「人情」問題。我認為要以國內人民健康、食品安全規則，還有國際貿易利弊條件的角度思考。

我曾講過食品安全三段論：（1）如果是食品有輻射污染的，就是核食，台灣應該堅決反對不能開放核食進口。（2）但是，無污染、正常的食品，當然不是核食，不應該禁止。（3）有無核污染，應該講求科學證據，讓證據說話。任憑意識形態或危機感作祟，並不合理。

逾 23 年來的邊境輻射檢測不合格率為零
嚴格檢驗後上架的產品都符合法定標準

根據衛生福利部所公布的資料，自 2011 年 3 月 25 日起至 2024 年 6 月 30 日止，統計福島核電廠事件後 13 多年來，我國在邊境針對福島 5 縣以外地區的 9 大類食品進行輻射檢驗 23.5 萬餘批，檢測結果均符合我國標準及日本標準，不合格率為 0。其中有數百件被驗出微量輻射物質，雖符合食藥署訂定的輻射標準，但這些產品仍被退運銷毀，一件都沒流入國內市場，也顯示台灣對日本食品的食安風險控管是非常嚴格的。

2023 年，福島第一核電廠排放含氚的廢水引發關注，中國反應激烈，禁止日本相關水產輸入。當時我依舊認為，面對輻射的疑慮，應該秉持科學，標準一致，政治人物不應擴大輻射恐慌。雖然大多數輻射物質有損人體健康，但是實際的風險必須考量人體暴露在輻射物質的種類、強度與時間。相較於其他放射性核種，氚水其放射的 β 粒子能量較低，不會穿透人體。目前幾乎沒有科學文獻證明，有人類直接暴露在含氚廢水，或是食用氚廢水污染的海鮮造成傷害的前例。

自從福島電廠核災發生以來，台灣政府相關單位（水產試驗所、漁業署、原子能委員會、國家海洋研究院等）已經檢測海水銫輻射超過 10 年，並且在 2022 年後同步監測氚水的情況，相關資訊已經整合在「放射性物質海域擴散海洋資訊平台」，可供公開查詢。

台灣現行法規規定較大部分國家嚴格許多，只要所有的食物在各個關口的檢驗是否確實，使各項產品上架時都符合法定標準，其實風險是極低的。古人說病從口入，像現代人容易暴飲暴食、精緻食物或高油高鹽等飲食習慣，或是過量的食品添加劑，反而更容易吃出問題來，但卻往往不自覺。

09. 台積電熊本廠帶動台日半導體合作

台積電熊本設廠對當地帶來全面的影響。

1980年代，台灣社會有著關鍵轉折的發展，深刻影響到這個世紀。政治上民主運動蓬勃發展，民主進步黨就在1986年創立。在經濟與科技上，半導體公司聯電、台積電也是在那段期間成立。也就是說，那個年代，有一群人在推動政治改革，也有一群人在推動科技經濟發展。如今，1987年設立的台積電已經成為台灣的護國神山；而台灣的民主政治則獲舉世肯定，也是我們的護國神山。

美中貿易競爭造成國際關係緊張
疫情帶來全球重大變化，重新評估半導體重要性

　　中國雖然在21世紀成為全球第二大經濟體，但是，經濟成長卻演變為中國利用商業行為、間諜行為，在國際貿易間，以各種合法掩護非法的手段，竊取各種商業、科技甚至是國防情報，嚴重引發美國為首的西方世界反感。

　　2016年川普當選美國總統，2018年以「中國偷竊美國智慧財產權和商業祕密」為由向中國產品徵收額外關稅；該年底更逮捕在溫哥華轉機的中國華為副董事長兼財務長孟晚舟，正式揭開中美貿易戰的序幕。

2016 年正是我去當日本大使的第一年,中美經貿競爭加劇的氛圍,也影響到日本的政治圈。

2020 年是新冠肺炎帶來全球重大變化,疫情造成巨大的人命與財產損失,中國隱匿疫情與清零封控,加速西方經濟脫離中國,尤其讓各國重新評估半導體產業的重要性。

當時日本剛在前首相安倍政府的帶領,推動有名的「安倍三箭」,亦即寬鬆的貨幣政策、擴張的財政政策,鼓勵民間投資帶動經濟成長,積極重振日本的經濟結構。日本曾經是製造業的大國,但卻在 90 年代放棄製造業,除了汽車以外,其他小工業如電視冰箱等家電,都外移到台、韓、中國與東南亞。

台積電「黑船」登陸,合資索尼、豐田、電裝以振興日本外移已久的製造業,帶動經濟復興

面對疫後全球產業鏈重組,日本政府在 2021 年(令和 3 年)發布《半導體與數位產業戰略》,並通過了 1 兆 9867 億日圓的追加預算,補助或投資相關事業,戰略目標在強化半導體供應鏈的穩定、加速先進半導體的研發製造和人才培育,並積極為生成 AI 時代來臨做好相關產

業的配套。

這也成為日本積極爭取台積電投資的主因。

以前日本都是到海外設廠投資，絕少有國外企業能夠到日本本地設廠。台積電到熊本設廠，對日本人來說可是一大震撼。

台積電熊本廠是在 2022 年 4 月動工，2024 年 2 月開幕，不到兩年時間就完工。台積電負責建廠，營運則由台積電、索尼（Sony）、豐田（Toyota）和電裝（Denso）合資的 JASM 公司。以生產 22/28 奈米和 12/16 奈米為主，月產能為 5.5 萬片，未來優先供應日本車用晶片訂單。緊隨其後的熊本二廠也在 2024 年底開始動工。日本在熊本一、二廠總共補助了合計超過 1 兆 2000 億日圓，打破了對外國廠商設廠補助的紀錄。

日本媒體紛紛用「黑船」來形容台積電降臨熊本。日本歷史上的「黑船事件」（黑船來航くろふねらいこう），是指 1853 年美國海軍准將馬修‧培理率 9 艘艦隊駛入江戶灣，強迫德川幕府與美國締結《神奈川條約》打開日本長久以來的鎖國政策，從此國門開放，也埋下明治維新的種子。

這次，日本用「黑船」形容台積電設廠熊本，適以讓

人體會到日本人內心的震撼與澎湃。

設廠帶來工資、能源、農業、環境等衝擊
奠定在地信賴，善用日本進步材料，創造雙贏

台積電設廠最直接的影響就是工資上漲。過往熊本企業可以用 21 萬日圓（約 4.4 萬台幣）僱用大學畢業生，但台積電起薪是 28 萬日圓（約 5.8 萬台幣），比一般熊本縣員工高出 7 萬日圓。熊本縣有位地方首長開玩笑告訴我，他現在很頭痛，因為連熊本公務人員也想辭職去台積電上班。

我從地方政治來觀察，2024 年熊本縣知事改選，選舉競爭相當激烈，二位主要候選人都肯定台積電的設廠，所以這次不會成為選舉的爭點。但隨著台積電設廠後，不少上下游供應商也紛紛在附近設廠，儼然類似台灣的科學園區聚落，亦可預見未來農地縮小或消失，水電是否不足及交通擁擠問題必然造成不安。像台積電、東京威力科創這種現代化工廠，在廢水處理及環保上要求符合高水準要求，但其上下游中小型產業是否可能因力有未逮而不符環保標準則很難說。熊本縣在 1950 年代因八代海附近的工廠廢水含汞而造成水俁病事件，是當地人

還印象深刻的陰影。

如何解決可能面臨的問題，必須靠地方政府和企業本身充分合作，相信台積電會趁目前輿論一片肯定階段，加速建立與居民及地方政府良好的溝通，奠定信賴基礎。

雖然台灣在半導體製造技術上領先世界，但想展望先進製程工廠以及 AI 數據中心，就需要更進步的材料科學技術，解決微細化的極限電力需求等等問題。而日本適巧是國際材料科學研發的重鎮，台積電許多關鍵原料的技術，正是來自於日本企業提供。

但日本現在的製造技術還在 40 奈米，距離 2 奈米仍有落差，因此，台日在半導體產業的聯手，不僅關係到日本製造業的再生和經濟的繁榮發展，也是台日雙贏。解決了日本供應鏈的問題，台灣多了一個國際據點，供應商有更大發展空間，也可以與日本的材料商更接近。總體來講，日本透過半導體產業的復興，達成製造業的復興；並透過製造業復興，重返經濟的繁榮與復興。

10. 俄羅斯入侵烏克蘭戰爭使世界更關注台灣

俄烏戰爭爆發後,全球各地都有聲援烏克蘭和平大遊行。
(照片提供:中央社)

駐日8年期間，全球發生許多影響世界的重大事件，其中影響至深除了新冠疫情之外，首推「俄烏戰爭」。

俄羅斯假藉軍事演習而調動軍隊，在2022年2月24日突然侵攻鄰國烏克蘭，引起全世界的意外與震撼。當時許多人判斷這場戰事會很快結束，然而時至如今我已任期結束離開崗位，戰事仍在延續中，而且膠著難了。

戰爭影響能源、糧食與運輸，造成更多貧窮問題
「今日烏克蘭，明日台灣」是警示，不是預言

這是二戰以來發生在歐陸最大規模的戰爭，也可以說是一場徹底改變世界格局的戰爭。由於俄羅斯與烏克蘭都是重要的能源與糧食輸出國，影響所及不僅僅是美、俄、中，以及歐盟等幾個軍事強權實力消長，更涉及全球性的包括能源危機、糧食與運輸成本價格激增，並引發貧困加劇。

同時，對全球地緣政治的衝擊也是難以估計的。日本是亞洲政、經、軍大國，對國際局勢的變化尤為敏感。我身處其中，也感受到各種異樣變化。

俄羅斯總統普丁侵襲烏克蘭的理由諸如歷史上烏和俄是一體，烏克蘭不能被納入西方聯盟，必須恢復蘇聯時

代的榮光云云。這番說詞與習近平 2016 年說的台灣是中國一部分，不排除武力統一台灣等說詞如出一轍。中與俄一樣是威權體制，同樣擁有核子武器，加上台灣不僅地理位置重要，和世界的經濟連結更加密切，俄烏戰爭的爆發，竟讓台海問題變成世界關注的焦點，相信很多台灣人沒有想到。

日本和台灣相鄰，自然也能深刻感受到這種危機感。2021 年 4 月 16 日，當時菅義偉前首相在美日第一次首腦會議上，提出「反對任何片面以武力變更現狀」的看法，從那時起，凡是有日本參加的國際會議，都有達成重視台海和平與安定的共識。尤其是 2023 年 5 月，七大工業國領導人 G7 在廣島會議的共同聲明，更明白地列入「台灣海峽的和平與安定對世界的繁榮和發展非常重要」，內容沒有指名中國，符合聯合國憲章的精神，又實質上可以達到保護台灣和平的目的，這種維持和平現狀的立場，似乎慢慢成為世界民主國家的共識。

在我來看，俄烏戰爭發生後出現的「今日烏克蘭，明日台灣」這句話，不是預言，而是警示，警示全球應共同維護台灣海峽的和平與安定。

安倍 2021 提出「台灣有事，就是日本有事」，2022 裴洛西訪台，中國飛彈波及日本經濟海域

而安倍前首相提出「台灣有事，就是日本有事」的說法，則是更加廣泛獲得日本社會的共鳴！

2022 年 8 月，美國眾議院議長裴洛西率團訪問台灣，中國除強烈抗議外，並以包圍台灣的方式進行軍事演習，對台發射 12 發飛彈，其中 5 發打到日本的經濟海域，台海情勢大為緊張，所謂台灣有事，即日本有事，已經不是理論，而是發生的事實。國際社會都關注到台海和平，台灣問題很自然的國際化，成為國際焦點，這個變化大大出乎中國預料之外。中共一向強調台灣是中國的一部分，台灣是中國的核心利益，任何國家介入台灣問題就是干涉中國內政云云，想把台灣問題內政化，台灣問題國際化是中國最不想看到的事，但對台灣而言，卻是好事一件。

2023 年以後，美中經濟對立日益升高，中國經濟發展受挫，不動產市場暴跌，而且新冠肺炎期間中國強制清零的粗暴手法致使外企紛紛撤離，也影響外國投資劇減，於此同時，台灣成功自製潛艦，美國再追加出售先進武器給台灣。中共要攻打台灣，一般認為比 2022 年更

加困難。

在那段時間，駐日代表處配合蔡政府政策，也一再強調台海和平對世界的重要，在駐處的國慶酒會演說中，我呼應安倍前首相的主張，表示台灣位於第一島鏈內，台灣被入侵，直接威脅日本和美國，所以台灣有事就是日本有事，也是日美安保有事，台灣站在抵抗強權的民主第一線，不會主動挑釁，但也不會向武力屈服，如台灣防衛失敗，那也意味民主陣營的失敗，民主歷史的倒退，如同澤倫斯基總統說的：「那是全世界的國家都應該憂慮的（問題）。」

戰爭的代價慘烈，希望中國有所警惕
俄羅斯侵烏的傷害，不應在台灣海峽重複

我們也支援烏克蘭抵抗侵略，我們相信，若俄羅斯的侵略沒有付出慘痛代價，等於變相鼓勵中國攻打台灣。「民主國家在烏克蘭犯下的錯誤，絕不應在台灣海峽重複。」

在各種場合，我提出和平共同體的概念，強調和平才是世界的核心利益，反駁中共強調的台灣是其核心利益。這個概念也受到不少共鳴和呼應。

俄烏戰爭走向長期化,直到今日都未見停歇,整個世界經過很長時間的全球化發展下分工得很徹底,任何地方發生戰爭都會影響整個世界,俄烏戰爭以來也造成全世界能源和糧食供應鏈受到嚴重衝擊,價格高漲。

截至 2024 年底,烏克蘭政府承認 31000 人因戰爭死亡,而俄羅斯沒有公開統計,一般估計士兵死亡 30 萬人左右,軍人與民眾傷亡不可計數,損失的經濟財產更是天文數字。除此之外,普丁也遭國際刑事法庭通緝,俄羅斯政府在海外財產被凍結,俄羅斯在國際組織或國際社會活動遭杯葛或限制。這場戰爭沒有勝利者。

一直冷靜旁觀盤算俄烏戰爭發展的習近平,從俄羅斯及普丁遭受世界制裁,人員死傷與經濟重挫等後果,相信也得到相當大的警惕,必須重新評價發動戰爭的後果。

11. 八年任期間的總理大臣們

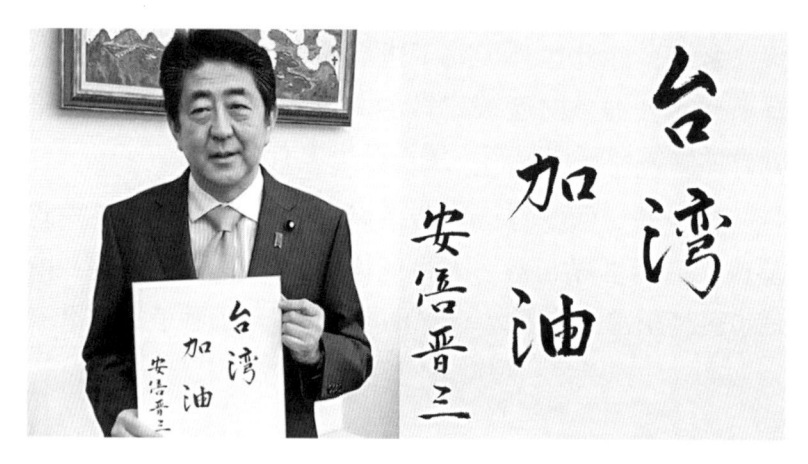

2018 年花蓮大地震,安倍首相曾親筆書寫「台灣加油」,表達慰問。

日本首相正式的稱呼是內閣總理大臣。在我駐日大使的 8 年任期，共經歷三位內閣總理大臣。前 4 年是安倍晉三，之後接續菅義偉 1 年以及岸田文雄 3 年。我返國後不久，岸田請辭，由自民黨新任總裁石破茂接任首相。我在任時，石破首相是內閣府特命擔當大臣，我們有多次往來與會面，酒量非常好。

文官主導政策與執行，形成治理國家菁英集團
安倍專業又自信：推動三支箭、敢於公開挺台灣

日本是議會內閣制，同時也是菁英官僚制。日本文官通常畢業於名校，經過嚴格的國家公務員選拔考試，是公認的優秀人才。不同於政務首長必須隨著選舉與政黨競爭而不斷更換，這些事務性文官則是長期待在同一領域，掌握著國家政策制定與執行的主導權，影響力很大，也使政策制定具有專業性與連貫性。可以說，自明治維新以來，日本的國家公務員系統就是推動國家進步與經濟發展的核心骨幹，也被視為治理國家的菁英集團。

反觀，日本首相的養成過程，除了必須是經歷民選政治洗禮的國會議員，同時必須曾任內閣大臣（部長），負責過政府主要部門的工作，然後在執政黨內當過幹事長

或其他要職。具備上述這些條件後，才有資格問鼎首相寶座。正由於對政府事務有一定的嫻熟程度，才能去領導專業文官，避免被文官體制牽著鼻子走。

安倍晉三是非常有自信的領導人，這或許跟他出身政治世家有關，他的外祖父岸信介、外叔祖佐藤榮作都擔任過內閣總理大臣，被稱為「一家三相」。他著名的「安倍三箭」包含寬鬆的貨幣政策、藉由擴大政府財政投資，以及調整經濟增長戰略等，讓日本成功走出經濟上的「失落三十年」（失われた30年）。2012年他第二次出任總理大臣，持續到2020年9月達8年，成為日本戰後任期最長的總理，一改過去十幾年間日本政壇頻繁更迭的情況。

安倍是極具個人魅力的領袖，他常在社交網路上表示個人意見。例如2021年適逢311日本大地震10周年，他在X平台（Twitter）上公開轉貼總統蔡英文的文章，並以中文寫下「台灣的支援帶給我們無比的勇氣，謹藉此機會再次向台灣許多老朋友表達誠摯謝意。」當年4月，他更是貼出手捧著台灣鳳梨的照片，公開力挺台灣農產品，毫不畏懼中國壓力。在日本普遍保守傾向的政治人物之中，他的個人風格非常罕見。也因此他是少數任內能夠超越日本專業文官，主導政策推動的總理大臣。

令和大叔菅義偉尊重制度有效率，贈台5批疫苗
岸田強化日本防衛與反擊能力，提升日美同盟

農家出身的菅義偉給外界溫文儒雅的感覺，2019年德仁即位前帶著字板正式對外宣布新年號的「令和大叔」的形象深植人心。出身幕僚的他尊重制度與專業，執行上也非常有效率。可惜的是，他的任內正是新冠疫情最嚴重之時，再加上疫情間舉辦東奧在民間有所爭議，導致民意支持度直落而宣布不參加自民黨總裁選舉，等於是放棄首相連任機會。

然而以事後的結果和民調看，證明他當時堅持到底是正確的。面對疫情他突破很多規定束縛衝刺疫苗施打率，也受到世界肯定。政治人物進退得失的考量，是要滿足短期的民意或留下長期的評價，是非常重要的選擇。

我在當大使之前就已認識菅義偉。他曾訪問台灣，對台灣也非常友善。2021年5月台灣疫情嚴峻，亟缺疫苗時，菅義偉政府2周內便拍板援贈疫苗到台灣解燃眉之急，他任內共無償提供5批AZ疫苗約390萬劑。對此，我由衷感謝！

菅義偉之後的岸田文雄，出身知名政治世家，是自民黨內最老派閥之一的「宏池會」（俗稱「岸田派」）的領

導人物。政治資歷相當豐富，當過內閣府特命擔當大臣、外務大臣、防衛大臣等等要職。他曾任外務大臣長達五年，對外交領域非常熟稔。

岸田總理任內，大膽地調整了日本戰後的安全保障政策，接連通過新版國家安全保障戰略等安保三文件，除了決定日本保有「反擊能力」外，還大幅增加防衛費用，強化與盟友聯繫，提升美日同盟。

而我記憶最深刻的，則是 2022 年安倍首相遇刺身亡，當時的副總統賴清德以「至親摯友」身分獲安倍家人邀請參加家祭。

安倍遇刺，
家屬邀請賴清德副總統赴日參加家祭

　　日本前首相安倍晉三 2022 年 7 月 8 日在奈良為自民黨候選人進行街頭演講時遭遇槍擊身亡，不只日本全國震驚，也震撼世界各國。日本禮俗的治喪時間相當短，安倍喪禮 12 日在東京增上寺舉行，前一天下午舉行家祭，時任副總統賴清德以「至親摯友」身分獲安倍家人邀請參加家祭。

從獲邀到出訪日本，不過短短一天。我連夜等候日本政府通知簽證事宜，深怕有所變數。一直等到出發前的半夜凌晨兩三點，確認簽證已經核發，心中大石才真正放下。

　　11日中午12時，賴副總統飛機一抵達，我們即刻驅車前往安倍首相的東京寓所弔唁，趕上入殮儀式。安倍首相的母親安倍洋子與昭惠夫人等家屬都在場，賴副總統與他們一一慰問致意並上香。傍晚五點我也陪同賴副總統以家屬親友身分前往增上寺，在「不用排隊」下被邀請到祭壇前為安倍首相捻香。原本我們還想說刻意避開中國駐日使館可能前往的時段，沒想到中國方面自己先迴避未出席。

　　安倍胞弟、前日本防衛大臣岸信夫當時在個人臉書發布賴副總統與安倍家族的合照，感謝「台灣的友人」前來弔唁。其實安倍首相逝世，不只政治界許多人表示哀悼，台灣許多民眾將安倍視為溫暖的朋友，自發前往日本台灣交流協會設置的會場致哀；也有民間各界發起各種悼念活動，表達感傷與感謝。

這次日本政府突然發給賴副總統訪日簽證，是 1972 年台日斷交 50 年以來，繼李登輝 1985 年以副總統身分非正式訪日外的重大外交突破。這件事情沒有岸田首相的同意與協助，斷無可能。國內有媒體報導，日本外務省文官系統私底下對賴清德副總統「沒有完全放心」，這種說法可謂不攻自破。

整體而言，三位總理大臣們行事風格各異，但在外交國防方面均延續安倍總理的親美友台路線。在我駐日的任期中，面對安倍晉三、菅義偉與岸田文雄等三位首相，台日關係很難得都能各有突破與增進，回想起來，備感欣慰。

第 三 部

在日生活心得與人生哲思

12. 高座會：凝結在 80 年前的青春

高座會是台日民間最大團體，定期舉辦大會，至今不輟。

台灣與日本的羈絆千絲萬縷，我過去在台灣聽聞，不少日本時代曾住在台灣的日本學生回來看母校，或者灣生來台尋找兒時玩伴這類的故事，青春時代的情感純粹，記憶尤其深刻。同樣的，也有群台灣人，他們的青春故事在日本，時隔多年在日本再次聚首，延續情誼。[5]

二戰末期，8400多位台灣少年工來到神奈川
解嚴後成立同學會已是中年，交流迄今近80載

1943到1945年二戰末期，日本年輕人被送往海外戰線，國內勞動力不足，當時在日本統治下的台灣，有8400位台灣少年工接受召募，到神奈川縣高座地區的海軍工廠從事軍用飛機的製造、修理工作。這些少年工平均年齡約只有15歲，甚至有些僅12、13歲。後來日本戰敗，工廠停擺，這群台灣少年工只得陸續搭船返回故鄉台灣。在1946年1月留學日本的前總統李登輝還曾經和部分少年工搭同一條船返台。

日本戰敗讓這群少年工不只面臨失去工作，回台灣

---

5 編按：相關故事參見郭亮吟導演，2006上映的紀錄片《綠的海平線》。

後，學歷也不被承認，但高座少年們還是憑著一技之長各自努力，在台灣機械、電機、五金、研磨等基礎產業發展，彼此也互有聯絡。

直到解嚴後，這群「少年工」已經步入中年了，才正式組織「台灣留日高座同學會」（2003年更名為「台灣高座台日交流協會」），之後每年相聚，尋求過去記憶，重溫舊日情誼，細數他們回台後，重新與日本方面建立的種種互動交流。此後每年舉行，未曾中斷。第一次集會（1988年）時有多達一千多人參加。此後持續運作，成為台日雙方交流最大、也最頻繁的民間團體。

當時在高座工廠的少年工也有日本人，且很早就成立日本高座會。運作日本高座會的靈魂人物石川公弘，他的父親石川明雄原本是國小校長，被委任擔任這群少年工的舍監。石川明雄以開明公平的態度來管理這些少年工，因此深受他們愛戴。當時才8、9歲的石川公弘也常跟這群大哥哥玩在一起。後來他出版一本《擁有兩個祖國的台灣少年工》的書，中文版還獲得前總統李登輝的推薦。他也義無反顧出任高座日台交流協會會長，延續兩代人的緣分。

石川明雄、早川金次曾照顧、心疼台灣孩子
愛屋及烏,高座民眾至今仍對台灣感情深厚

不只如此,戰爭末期美軍對日本本土的轟炸加劇,造成嚴重死傷,在高座本場以及其他軍需工場的台灣少年工也有多人死於戰火。戰後,一位原高座海軍工廠的技術員早川金次先生心疼這些遭遇轟炸而客死他鄉的孩子,因此,他以一己之力於1963年在神奈川縣大和市設立「戰歿台灣少年工慰靈碑」。

位在神奈川縣的座間市、大和市、海老名市等區域,如今的高座海軍工廠不復存在。但如今大和市有一座台灣高座會捐贈的台灣亭,而神奈川縣座間市有一座維修飛機展示場;2018年,座間市更特別在芹沢公園設立了「台灣少年工顯彰碑」(紀念碑),並在大和市舉行高座會75周年大會。因此當地民眾對台灣有深厚感情,2024年花蓮地震後,座間市議會的正副議長荻原健司以及高波貴志還來駐日代表處捐贈援助品,慰問花蓮地震,掛心的討論著要如何增進與台灣的交流。

我出任駐日代表後,曾走訪了紀念碑和台灣亭,也多次參加高座會聚會。當年對飛機有凌雲壯志的少年對於台日交流懷抱著高度熱情,健在成員年齡超過90歲,有

些仍奔走台灣日本活動演講,讓人非常感佩。

當年設計飛機的三木忠直戰後設計新幹線系統
正是如今台灣高鐵使用的車廂,都是緣分

但我也擔心第一代逐漸凋零。留日 50 周年大會時,高座會還有 1200 人到日本參加盛會,到了 75 周年只剩 22 人,而且都已經 90 歲以上。因此鼓勵他們的第二代、三代子孫也以「台灣高座之友會」形式參與活動。而高座會目前也成立了「青年部」,由基隆吳楷銘醫師出任會長,何敏豪任名譽會長,讓高座會這個全國規模最大的台日交流民間團體除了年長的第一代成員之外,實務工作讓年輕人投入以維持運作。台灣高座會也成為全國第一個、也是唯一兩代會員共同推動會務的人民團體。

值得一提的是,當時高座海軍工廠所生產維修的飛機,設計者是工程師三木忠直先生,戰後轉入鐵道工程,設計出新幹線高速鐵路。他有一句名言「技術本來就是為了人類幸福之用」。後來台灣高鐵引進新幹線系統,日本也將 1964 年日本新幹線的第一代車輛提供給台灣使用。

如我開頭所提的,台日的羈絆交織緊密,每一個緣分

與連結,沿著線頭都能再找到下一個新的緣分與連結,少年工的台日高座會擁有的巨大能量和友好關係,需要傳遞給年輕世代。

13. 昭和櫻帶著台日情誼遍地開花

起源於祝賀德仁天皇的櫻花返鄉，延伸為象徵台日情誼的植櫻活動。

100年前，昭和天皇裕仁在攝政皇太子時代曾經訪問台灣，在屏東、台南、台北等地植樹留念，當時種下了竹子、榕樹跟行啟紀念的櫻花。其中目前最知名的，就是現在成大榕園的那棵大榕樹。

成大校園的大榕樹原來是昭和天皇來台時種植
當時在各地栽種的櫻花，2019開始分株回日繁殖

這是一個歷史的連結。2019年改元令和，日本評論家加瀨英明先生（2022年去世）當時發起將1923年裕仁皇太子（昭和天皇）行啟紀念的櫻花（簡稱昭和櫻）由「台灣櫻花返鄉會」協助，以分株的方式送回日本栽種，慶賀德仁天皇登基。台灣、日本的櫻花返鄉會分別由前日本首相安倍晉三的母親安倍洋子女士、前李登輝總統夫人曾文惠女士擔任名譽會長。

捐贈儀式我也受邀觀禮，因櫻花苗木盆栽要送到日本需要進行植物檢疫等手續。所以由櫻花返鄉會台灣會長黃石城致贈清冊給安倍洋子女士。之後這些極富意義的櫻花苗木返回日本，種植在日本與昭和天皇有關的各地，期盼能順利成長，台灣日本友好關係更緊密連結。

從台灣分株到日本的櫻花樹種為緋寒櫻，國外櫻花要

進入日本種植，沒有觀光免簽，必須遵循相當繁複的檢疫程序。根據日本相關規定，首先要使櫻樹沉睡（放置）1年，進行植物病蟲檢疫。這批櫻花苗木 2020 年送達日本，因與日本同品種，不需一年檢疫，第一株在 2021 年春天的「昭和之日」，即種在皇居北之丸公園乾門前的綠地上。

日方對於「昭和櫻」移植非常重視，通常以隆重儀式對待，並提供適當土地空間，陸續在青森、群馬、茨城、靜岡、山梨、京都和熊本等地知名的神社或寺廟種植。加瀨英明會長去世後，櫻返會進行改組，名稱也因交流活動擴大而改名為「日台友好櫻花返鄉會」。由副會長水上逸朗等熱心人士繼續積極推動，不僅受到當地民眾重視，也連帶牽起地方對台灣的認識與關注。

從台灣返鄉的植樹讓日本各地民眾更加認識台灣
分株遍植森町、北海道神宮、出雲大社

我曾親自參加過幾次櫻花返鄉會的植櫻活動，其中一次是靜岡縣森町的小國神社。我是第一次去小國神社，經由宮司（神社的負責人）打田文博先生介紹，才知道台糖創辦的第一任社長鈴木藤三郎是當地人。我們過去

爭取山本悌二郎銅像時（請見本書「14 山本悌二郎銅像回鄉」），對台糖的歷史很熟悉，所以備感親切。

另外將台灣烏龍茶在日本推廣的藤江勝太郎也是森町出身，所以森町跟台灣很早就有來往。小國神社對於昭和櫻返鄉的活動非常重視，特別以隆重儀式接待並提供土地空間，強調應重視過去的歷史關係，利用植櫻的機會擴大和台灣的友好交流。

我也參加了在北海道神宮、出雲大社的植櫻活動，是該會種植的第 13、15 株。日本稱為神宮的神社不多，大家熟悉的如明治神宮、伊勢神宮、平安神宮。神宮祭祀的是天皇和皇室的祖先，北海道神宮是 150 多年前明治天皇開拓北海道時所建立，主要祭祀的是明治天皇和北海道的國土之神大國魂神。由於昭和天皇在皇太子時曾到訪植樹，所以這次在神宮種植昭和天皇結緣的櫻花，感到特別有意義，當地媒體特別做此報導。

至於出雲大社，位階更為特別。日本信仰的神道教是多神信仰，崇尚自然萬物皆都可能為神祇，所以有八百萬神明之說。日本的 10 月，叫做「神無」月，但在島根卻叫「神在」月，因為眾神都回到出雲大社開會。在歷史傳統社格上，全日本只有出雲一處「大社」，是眾神的

「總公司」。但社格制度廢止後，也有其他大型神社自行改社號為大社。

出雲神社以促成締結良緣著名，在此種植與昭和天皇結緣的櫻樹，意義特別深遠。我深自祈求，這些「昭和櫻」能在各個地方遍地開花，讓台日友誼真正深植扎根在土地上，並在日本各地開好花、結善果。

我一向重視這種由地方草根發起的友台行動，因為這樣的緣分培養出來的感情非常深厚，很自然的增加日本社會對台灣的友好印象。2024年台灣花蓮地震，京都高台寺以及熊本藤崎八幡宮等都捐款慰問，便是很好的例子。

櫻花返鄉會擴大到西班牙，成為國際活動
期望台日情誼的良善力量擴散更多國家

櫻花返鄉會的植櫻交流這幾年獲得廣大的回響，在歐洲的日本團體也期望能更擴大推廣。不只如此，台灣日本友好情誼的交流方式也讓國際友人備感興趣。因而台灣、日本櫻花返鄉會合併，改名為「日台國際櫻交流會」，由水上逸朗擔任會長，已故前日本首相安倍晉三的夫人安倍昭惠出任名譽會長。

2024 年底國際櫻交流會與西班牙巴斯克州交流，不只種植 5 株來自台灣的「昭和櫻」，西班牙方面也邀請台灣藝術家邱貴老師舉辦油畫個展，讓西班牙民眾認識台灣辦桌、八家將等優美文化。

　我有幸擔任「日台國際櫻交流會」名譽顧問，而且櫻樹紀念碑也刻有我的名字，當初協會曾熱情邀我參與西班牙交流活動，但我因故不便而婉拒，心裡一直耿耿於懷。不過，看到交流團一行順利，台日友誼創造的良善力量竟能不斷擴散感染到更多國家，感動又開心。

14. 山本悌二郎銅像回鄉

山本悌二郎銅像返回橋頭糖廠，2022 正式揭幕儀式。

台灣許多近代化的基礎建設與經濟發展都是奠基於日本時代，其中屏東來義的二峰圳在 2022 年迎來百年紀念。我在這一年的年底，造訪了鳥居信平技師銅像和二峰圳伏流水的模型（座落潮州鎮的林後四林平地森林園區）。

鳥居信平興建地下堰堤，至今百年仍穩定供水
「二峰」圳伏流水名稱來自新潟的大小佐渡山系

　　這裡以前是台糖的蔗田，100 年前，因為缺水灌溉，台糖前身台灣製糖株式會社當時在上游建設了二峰圳，由任職台糖的日本工程師鳥居信平規畫。有別於地面水庫，以興建地下堰堤，將來義鄉的河床下豐沛的伏流水，導引到山腳下的台糖萬隆農場，至今百年仍能穩定維持供水。

　　這是我首次親眼考察二峰圳伏流水的取水過程，以及人工湖補助地下水的工程，經過屏科大丁澈士教授的講解後恍然大悟，以前總認為台灣河川短急，旱季乾枯缺水為正常現象，現在知道不少河川在乾枯的河床底下有豐沛的伏流水，如善用技術開發，則台灣缺水問題可以得到解決。聽說日本有企業要來考察 100 年前的二峰圳

伏流水的技術，證明這是台灣可以開發並向國際推廣的寶貴資產，也顯示當初這項水利工程的創新與遠見。

而二峰圳的「二峰」，是當時台灣製糖株式會社總支配人（總經理）山本悌二郎的雅號。台灣知道鳥居信平的人還比較多，知道山本悌二郎的相對少。想起在 2020 年我第一次前往新潟佐渡市的真野公園前，也不太認識這位影響南台灣深遠的實業家。

這段因緣十分奇妙。起緣於認識了長居日本佐渡市的雲林女兒若林素子，她也是知名舞者，在她盛情邀約下，我前往佐渡島參加她創立的爵士舞團 30 周年紀念公演。

感念山本悌二郎提升台灣糖業，促成高雄發展
國寶級雕塑家黃土水創作國寶銅像

與她相談之間，得知佐渡市真野公園內安置一座由台灣已故藝術家黃土水所雕塑的山本悌二郎銅像。這訊息讓我十分驚訝。

黃土水是台灣近代最重要的雕塑家，他是首位入學東京美術學校的台灣留學生，更是四度入選帝國美術展覽會的近代西洋雕塑家。他的作品，在台灣絕對能稱上是

國寶。

親自到現場查看之餘,也同時認識到,原來山本悌二郎是創建台灣糖業株式會社的成員之一,也是第一代的總經理。他一手擘劃在橋頭發展第一座新式糖廠,引進最新技術、設備與管理。並且決定發展糖鐵作為運輸,使用機關車(小火車)於製糖原料及成品之運送;也建構了現代化的倉儲系統。

不僅將台灣糖業產量提升了數倍,也帶動糖廠周邊鄉鎮發展,促成了高雄港與哈瑪星的城市現代化建設,具重要的歷史貢獻與意義。

1927 年,山本悌二郎因被延攬入閣擔任農林大臣辭去社長職位,當地仕紳為表示感念,委託藝術家黃土水為其創作銅像並置於橋頭糖廠社宅事務所(社長辦公室兼住所)前。戰後因擔心銅像遭到破壞,故將銅像運回山本氏的家鄉新潟縣佐渡市。

當時我就想,有沒有可能讓銅像放回到原本的地方?

佐渡市的渡邊竜五市長樂觀其成但也非常慎重,表示需經佐渡市議會以及市民大眾的同意。

二戰時，銅像運回老家佐渡市真野公園
陳其邁市長正式致函，成功爭取重返高雄

最後由高雄市陳其邁市長正式致函表達將山本銅像迎回台灣的盼望，才終於定案；在佐渡市議會一致同意後，雙方正式簽署 MOU 確認山本先生銅像返鄉事宜。

山本悌二郎在佐渡市也是重要人士，銅像所在地真野公園，土地是由當地山本悌二郎彰顯會的熱心人士捐贈，在交涉過程中我拜訪了地主，向她表示要移走銅像，她說佐渡市長渡邊有徵詢過她，她贊成銅像送回台灣，並送我一本介紹山本悌二郎生平的書，裡面寫著：「山本先生的生涯最大的貢獻就是對台灣的製糖業，他把多年海外所學的農業政策在台灣實踐。」我想，這就是她之所以支持送銅像返台的心境吧？！特別深深感謝，因為流落海外的台灣珍貴藝術品可以返還，十分不容易。

當銅像返回高雄，2022 年 8 月在高雄美術館進行開箱典禮上，我致詞時說：

「一個偉大的城市，必然是多元的、彩色的，除了山河的自然景觀、工商經濟的發展，也要有豐富的藝術和文化，才值得令人嚮往。今天的活動有經濟史的淵源縱深，也有文化藝術和台日深情的溫暖，可說是為多元的

高雄市加上彩色的一筆。」

這座銅像的還鄉前後溝通協調二、三年，親自見證從佐渡島的真野公園將銅像拆解、捆綁、裝箱、渡海、運送到東京搭機飛回台灣的整個過程，當我和陳其邁市長拉開木箱的瞬間，真的感動莫名，我說「今天天氣熱，令人流汗，但內心溫暖感動，讓人想哭。」感謝這個過程中，努力奉獻的相關人士，包括台灣文化中心、佐渡島的若林素子家族，還有因為正值疫情期間，前往監督回高雄還得隔離的高美館商小姐。

歷經協調、運送，無數人費心盡力共同成就
原作及二分身各存放高美館、橋頭及新潟佐渡

山本悌二郎銅像回到高雄後，正品由高雄市立美術館典藏修復，同時翻製兩座銅像，一座 2022 年底重新在橋頭糖廠原本銅像設立地的社宅事務所前，重現 1929 年放置原樣，佐渡市渡邊市長也親自到高雄參加，並主辦了佐渡物產展，廣受歡迎。

另一座則由高雄市林欽榮副市長代表，帶回佐渡市回贈，設置在真野公園原址，並且跟佐渡市簽署友好交流協定，開啟兩市交流新的一頁。佐渡以金礦聞名，已經

被列入世界文化遺產,在日本的江戶時代,產金的地方,都被列為「天領」,意思由幕府直接管轄,類似現在的直轄市。主管都是由江戶直接派遣的官員,所以佐渡有一些武家官宿的江戶風;加上佐渡曾經是歷史流放名人的地點,包括順德天皇、能劇世阿彌、佛教的日蓮上人等,也是佐渡的文化特色。

佐渡島是由西北邊的大佐渡山系和東南邊的小佐渡山系連結而成,這也是山本悌二郎「二峰」的由來。其形狀,很多人都說看起來像是兩個台灣併在一起,很不可思議。這次因為黃土水前輩的作品回歸,更加深了兩地的羈絆,希望以後來訪的台灣觀光客有機會也可以多認識佐渡的歷史文化跟景觀特色。

15. 日本重要國技：大相撲

東京兩國的國技館是觀看日本大相撲賽事的專業場館。

「大相撲」是日本的重要國技。日本政府和 NGO 向國際推展日本的傳統文化時，大相撲永遠是重中之重。我從留學時代就很喜歡看相撲，後來身為駐外使節，更時有受邀觀賞的機會。民間相撲推廣協會邀請觀賞相撲表演時，現場還會邀請貴賓挑戰，娛樂效果十足。不過，考量自己年齡，我倒是不下場。

競技不分體格、重量、量級，須善用勁道與速度
成績決定「番付」等級，關取以上才有薪水

相撲歷史悠久，在日本人心中具有崇高的地位，與棒球共同被認為是國技，不論是訓練、比賽、獎金、觀賞都已經有成熟的制度。相撲蘊含濃厚的日本傳統文化，比賽的場地在裝滿泥土的米袋圍成圓形擂台，上面覆蓋沙土，稱之為「土俵」。競技的雙方在土俵上透過各種技巧將對手推出土俵外，或者讓雙腳外的身體接觸到地面為勝。規則看似簡單，但必須善用勁道與速度，尤其相撲競技不分體格、重量、量級，完全是力的展現。

日本相撲協會舉辦的一系列競技稱為「大相撲」，相撲力士在大相撲的競技成績決定「番付」，也就是排名：最強力士的頭銜叫「橫綱」、是相撲界的頂點，通常也最受

觀眾喜愛，幾乎是明星偶像等級，而且社會地位崇高，許多地方上的重要活動都會邀請橫綱力士參加。次於橫綱的是「大關」，已經是許多力士一輩子所努力的目標之一。大關以下還有關脇、小結、前頭（以上稱為幕內，有固定人數）、十兩、幕下、三段目、序二段、序之口等，共分為 10 個等級。十兩以上稱為「關取」，才算正式選手，領有薪水，從序之口到幕下等級大約是練習生，需要負擔工作，且只領零用金。

大相撲比賽每年通常有六場，稱為「本場所」：一月、五月、九月三場所在東京兩國國技館舉行，其他三場在大阪、名古屋、九州舉行；聽說早期一年只有春夏兩場，現代力士比較辛苦。力士的排名順序、薪水獎金多寡等，都是依照「番付」決定，大家必須全力以赴。觀眾也很嚴格，如果像橫綱、大關這樣的高階力士表現不佳輸給了下位力士，觀眾還會把座墊丟進土俵表達失望。

細數幾位有台灣淵源的相撲力士：十兩劉朝惠、大關千代大海龍二、十兩東白龍雅士⋯⋯

台灣人在日本相撲界也有好成績，過去有旅日相撲力士劉朝惠，相撲名「杤之華朝王」，17 歲就赴日學習相

撲,是台灣第一位進軍日本相撲界的好手,最高位階是十兩。還有「阿公是台灣人」的千代大海龍二,他有四分之一台灣血統,曾一路晉級到「大關」。

近期有一位台日混血的相撲力士東白龍雅士,母親是台灣高雄人,對故鄉一直懷有深厚的感情。東白龍從小就開始練習相撲,後來在大學的比賽中獲得相撲中的三段目資格,2019年贏得三段目優勝,晉升到幕下,後來雖然一度遇到亂流,但仍努力爭取,成功在2021年1月晉級到十兩,進入關取。

但因新冠肺炎疫情的影響,延至2024年才舉辦祝賀會,我也受邀出席,相撲選手的養成由「部屋」負責,類似道館的感覺,東白龍出身的「玉之井部屋」老闆玉ノ井太佑是福島相馬市人,因此到場的後援會成員大部分不是台僑就是相馬市市長、議員、町長,因為援助東北地震的關係,台灣與相馬市有很深緣分,同場祝賀東白龍,感覺是共同的喜事而特別高興。

做為一個相撲迷,我在兩國國技館看了幾次大相撲。不同於電視,現場觀戰尤其能感受到比賽的激烈。本場所入場票要去附近的相撲部屋買,到了會場,就跟買票的部屋報到,由該部屋提供服務。

推薦親臨國技館觀賞大相撲，嘗試特殊體驗
有吃喝、毛毯座墊，休息時間大啖幕之內便當

　　首先，他們會提供寄存衣物的服務，接著給你二個牌子，一個領取衣物，另一個回去時領紀念品。然後再發給你一個袋子，裡面有便當、水果、各種零食和茶水等，再來部屋人員會扛著毛毯、座墊引導你到座位，並且問你要不要啤酒、紅酒或威士忌？是隨票附送但限量。

　　中午時間的比賽通常是層級較低的比賽，中間也會穿插一些搞笑喜鬧的演出，因此觀眾較少，到下午觀眾逐漸進場，重頭戲是大約5點之後，大關、橫綱等級會出場。在現場爆滿觀眾的呼聲中，台上激烈拚鬥、互不相讓，台下觀眾也要隨時提防，萬一有選手被推下來，像極了一座小山迎面撲來，大家要機靈避開。

　　不過，即使場內的座位上人數不多，但國技館內白天還是人潮洶湧，因為國技館也同時開放觀光客參觀館內的相撲博物館以及各種相撲的歷史資料。

　　觀眾的座位是一個單位坐四人，因此有點擁擠，而且坐在座墊上，鞋子只能夾放在座位下。坐久腳會痠麻，必須趁中場休息時間走動一下，通常便當也在這時吃，和歌舞劇換幕時吃的便當一樣，都叫「幕之內便當」。我

的經驗是有機會體驗很好,但還是在家裡看電視轉播最輕鬆最舒服。

16. 日本的節分日：成田山新勝寺撒豆

節分日撒豆子除厄是日本重要的傳統習俗。

日本四季分明,加上傳統哲學尊崇自然,保留了與自然共生的傳統習俗,年度的重要行事幾乎都與節氣風俗相關,其中春分日跟秋分日還訂為國定假日。

季節交替的「節分日」,撒豆子淨化祈福
正確對著福神方位吃「惠方卷」祈求好運

四季的第一天是立春、立夏、立秋、立冬,而最後一天則叫做「節分」,不過一般節分之日的活動,都是在冬春交替的那天。

傳說在季節交替時容易邪氣入侵,因此在節分日會有撒豆子淨化祈福的習俗,以迎接新的一年無病無災。撒豆據說是為了避邪,因為豆子唸「まめ」(mame),漢字寫「魔目」、「魔滅」,意把豆子丟向魔鬼的眼睛就可以驅魔。

節分日前,就會在超市等賣店看見販賣福豆、還有鬼面具這些應景商品,到了節分日這天,拿著福豆從屋裡向外撒,一邊撒豆還要一邊口中念念有詞地說:「鬼在外、福在內(おにはそと　ふくはうち)」。為了逼真,還會有成員戴著鬼面具,扮演被驅趕的鬼,也讓過節更有氣氛。撒完後,要吃下自己年齡加一(虛歲)的顆數

的豆子，祈求增長歲數的一年，繼續健康平安。

依照習俗，節分日還要吃「惠方卷」祈求好運，惠方指福神所在方位，每年不同，據說要對著該方向吃才靈驗。有一年節分日下班時，同仁拿著一卷惠方卷給我，並指了一個方向，結果吃完才發現搞錯方向。

淺草寺、新勝寺體驗冬春交替日祭典
歡喜與橫綱、大關、市川十一代目同台

許多寺廟神社在節分日這天都會舉辦祈福儀式，像是淺草寺每年都有盛大的節分日祭典，吸引大量民眾與遊客前往祈福參拜。

而已經有千年歷史的千葉縣成田山新勝寺，每年舉辦的節分更是不遑多讓，有相撲力士和大河劇演員、知名藝人出席，因此有日本全國的民眾前來參加。新勝寺住持橋本先生的女婿是台灣人，也因為這個淵源，每年過年橋本住持都邀請我去參加。

疫情前，2019 年的節分會有相撲力士橫綱白鵬、大關御嶽海及歌舞伎宗家市川海老藏等參加，來自各地的眾多群眾搶接豆子沾喜氣。力士們丟的較遠，我丟的近，離舞台遠近的群眾都同沾福氣。以前撒的是一顆一顆的

大豆，但掉在地上髒了很浪費，所以後來改成擲出十幾顆裝在一起的小包裝；主辦單位也會廣播呼籲掉在地上等結束再撿，以免混亂，現場很有秩序。

在疫情期間，撒豆活動大多縮小規模，也限制參拜者的動線。還有新聞報導築地的壽司店做了100人份的惠方卷提供給東京的醫療單位，希望福神發威，厄運及病毒盡快退散。如今疫情過去，大家對於災厄體認十分鮮明，撒豆祈求平安的心情也更為深刻。

原來「鬼滅之刃」主角名字意味著驅邪除厄：
新年門掛松和炭（炭治郎）、撒豆驅鬼（禰豆子）

驅邪除厄的民俗信仰不只在有千年歷史的成田山新勝寺安定民心，也成為日本文化創新的養分。

前幾年爆紅的日本漫畫「鬼滅之刃」，2020年推出電影賣座破400億日圓，是當年全球最賣座電影。故事男主角名字叫竈門（KAMADO）炭治郎，他妹妹叫竈門禰豆子，「竈」字相信很多台灣人都不會寫了。台灣有句諺語：「四書讀透透，毋捌（不識）龜鱉竈」。可見「龜、鱉、竈」三個字很難念難寫。現在大多寫簡化字，竈的簡化字是「灶」。

日本也有竈神的說法，新年門口掛松枝和竹炭的傳統，炭有驅邪的作用，豆子更是節分日，撒豆驅鬼納福的代表物品。禰豆子被鬼咬到，有人把一節竹筒塞在她口中，防止她的變鬼再咬人，應該也是來自竹炭可避邪的典故。看來這套漫畫故事雖是幻想，但人物名字和情節都還有一些文化背景依據，讀者可以依自己了解去體會，例如有網友說口含竹筒是為了接口水，也是很有想像力的說法。

17. 從東京巨蛋看棒球，談體育發展

2024 年 11 月的世界棒球經典賽 12 強，中華隊 4：0 贏了日本，喜奪金牌。

2024 年 11 月世界棒球 12 強賽中，台灣隊在不被看好下，一路打到東京巨蛋的複賽。11 月 24 日的冠亞軍戰更在爆滿的觀眾見證下，以 4：0 贏了日本，創下了許多歷史紀錄！「台灣尚勇」的歡呼聲響徹東京巨蛋球場，那個難忘的晚上，東京巨蛋的天空非常台灣。

巨人、大鵬、玉子燒，曾是日本平民三大最愛
我因為王貞治而長期關注巨人棒球隊

賽後那幾天，和日本客人見面或聚餐，聊起台灣棒球奪冠軍的話題，絕大部分日本朋友都很有風度的表達恭賀之意，並強調勝敗乃比賽常有之事。有一位日本友人甚至說：「看到台灣舉國上下興奮期待的情景，輸給台灣，內心竟有一股為台灣祝福的高興感覺」，讓我感到十分溫馨。

中學時期是運動員的我，在留學生時代就很關注日本體育賽事，特別是相撲與棒球，這兩項都可說是日本國技。那時候棒球迷關注的話題是讀賣巨人九連霸「V9（Victory 9）」，在川上哲治監督帶領之下，明星球員長島茂雄和王貞治以及其他隊員在 60 到 70 年代間創下日本職棒史無前例的九連霸紀錄。

讀賣巨人是日本職棒創始球團之一，1934年創立，早期叫東京巨人軍，1947年才改稱讀賣巨人。至2023年為止，巨人隊一共贏得22次日本大賽冠軍（日本「日本一」）。至今仍是日本職棒史上最多勝場的隊伍。

　　我會關注讀賣巨人的主因，是因為隊上擁有中華民國國籍的「OH桑」王貞治，當時他在日本家喻戶曉。王貞治的金字招牌是「稻草人打法」（日文為「一本足」），1964年賽季敲出55轟，創下日職單季最多全壘打紀錄，直到2022年才被打破。球員生涯22年留下全世界職棒選手最多的868支全壘打紀錄。

　　那時候日本甚至有句諺語叫做「巨人、大鵬、玉子燒」，指最受日本平民喜愛的三樣東西。「巨人」當然指讀賣巨人隊；「大鵬」是1960年代稱霸相撲界的橫綱大鵬幸喜；玉子燒則是日本家庭料理的最愛。

　　讀賣巨人隊的主場在東京巨蛋，就任駐日大使後，公務繁忙，通常只能偶而留意一下棒球新聞。但讀賣新聞的老川會長對駐日代表友善，而台灣的長榮航空則每年會在橫濱球場買廣告，因此我也會受邀到這兩球場看球賽。日本職棒球賽是發展成熟的產業，觀賽時球場有各種服務可以提供，非常方便舒適。

觀看台灣棒球隊在巨蛋比賽，滿場緊張專注
2023 亞洲職棒、2024 世界 12 強賽，全場嗨翻

不過，觀看日本職棒球賽畢竟較輕鬆，跟觀看台灣球隊出賽的心情很不一樣。2023 年 11 月，亞洲職棒冠軍爭霸賽在東京巨蛋舉行，我也去為台灣棒球選手加油打氣。在觀眾席與中華職棒聯盟蔡其昌會長，以及數百位台灣來的球迷熱情應援，情緒完全被比賽牽動。當時打到九局還是 0：0，台灣隊的選手絲毫沒有懈怠，直到延長賽時揮出滿壘全壘打，大家都嗨翻了。終場以 6：0 擊敗澳洲隊，滿場歡呼勝利，那種興奮喜悅心情難以言喻。

日本在團體運動方面，如棒球、足球、籃球、橄欖球，還有北海道的冰壺運動等，在國際賽事上都有很不錯的成績。這要歸功於日本舉國上下對體育教育的重視，促成體育產業的興盛。

早在明治維新時期，隨著西式學校制度的導入，體育開始逐漸根植在日本的國民教育；隨著戰後經濟逐漸從復甦到起飛，運動成為另一種國力展現。而大企業對體育運動的投入，更帶動了體育產業興起：優秀選手被球團高薪聘請、或者獲得贊助，體育明星更是成為全球注目的焦點，不僅創造英雄，讓年輕人有嚮往的對象，進

而也吸引更多有志者投入。

另一方面，日本人極富有研究精神，這種「職人精神」源自日本人重視細節，追求完美、極致的表現，以及對工作的專注與熱情。他們一旦投入某個領域，總有人全心全意把它研究透徹，例如喝茶、使劍、拉麵，一開始都不是出自於日本，但進入日本後，即發展出具有精神層次的哲學觀，如今提到茶道、劍道、以及拉麵文化，全世界都認定這是日本文化；同時他們用科學去研究，了解頂尖選手技術和訓練方法，更容易取得體育方面佳績。

日本重視基層體育，層層累積國力
宣傳運動員感人故事，帶動民眾與企業熱情投入

這幾年我深刻體會，日本體育累積的國力可以從小地方看起，從地方到中央無不重視體育，而且是全面性的參與。包括棒球迷都知道的甲子園（全國高等學校野球選手權大會）、馬拉松愛好者熟悉的京都驛傳（驛傳是日本的一種長跑接力賽）等，即使無法到現場觀戰，也都有電視轉播方便收看。

很多體育競賽都是從最基層的市町村比到都道府縣，

再一路打到全國大賽，歷經大小比賽磨練，才能取得成果。其中，有政府對基層體育設施的重視與投入，還有地方企業的長久支持，如此才能互利共生，創造良好的發展條件。不只如此，地方民眾對於家鄉體育選手的應援與關注，也讓選手們更專注投入精進求勝。

運動選手從基層訓練奮發逐步往上的故事，不只讓人津津樂道，更是日本電視劇非常受歡迎的題材。日本 NHK 2019 年推出的大河劇「いだてん」（韋駄天），就是描寫第一位參加奧林匹克運動會馬拉松比賽選手，也是「箱根驛傳」的發起人金栗四三的故事。[6]

---

[6] 編按：韋駄天的日文是指跑得很快的人，典故來自佛經：韋駄（也稱韋駄天）曾以神行速度，追回被盜的佛牙的典故。日本人吃完飯會合掌說「御馳走樣」（ご馳走樣でした），最早是感謝韋駄天樣搬運食物，現在變成「很好吃」、「吃飽了」的意思。

18. 兩度凍臨北海道札幌雪祭

札幌的地下街雖然不像東京車站的地下街人潮洶湧,但在冬天北海道下雪季節成了躲避風雪的好所在。

日本幅員遼闊，為了推展友好交流活動，外交部在日本駐處除了東京的代表處，在大阪、福岡、橫濱、札幌跟那霸都設有辦事處或分處。其中札幌分處 2009 年才設立，但分處的同仁非常積極推動各種交流，北海道已成立了 24 個日台親善組織，超越日中親善組織數。我想這是因為 2019 年北海道大地震，台灣各界馳援，北海道人點滴在心。

駐日期間總共到訪北海道札幌四次
兩次救災與感謝被救災，兩次雪祭參展與致詞

駐外人員在派駐地任務是外交工作，進行轄區訪問有一定的規範。駐日期間，我到訪北海道七次，其中札幌四次，一次是北海道大地震時支援救災；一次是 2024 年 6 月前去進行轄訪，拜會了鈴木直道知事、北海道議會富原亮議長、北海道議會日台親善議員會會長笠井龍司以及聯盟眾多幹部，感謝他們對花蓮地震的慰問跟捐款支援。台灣和日本已經形成有困難相互救助的「善的循環」，互助交流也不只侷限在救災，還包含台日半導體人才培育合作、農產品拓銷等等。

另外兩次到札幌，則是受邀出席札幌雪祭。札幌雪祭

在每年 2 月上旬到中旬之間，於北海道札幌市中心的大通公園周圍舉辦。它起源於 1950 年有位中學美術老師帶領著學生們在大通公園裡設置了六座雪雕，意外地吸引了約 5 萬多人前來觀賞。後來當地每年接續舉辦，到現在已經是擁有 400 多座雪雕的國際競賽規模，每年為札幌市吸引超過 200 多萬來自世界各地的遊客，成為日本最具代表性的冬季祭典！疫情期間，雪祭活動被迫縮小規模或停辦，2024 年終於恢復疫情前的規模。

襟裳岬的春天雖是什麼都沒有的春天
最長的札幌地下街卻溫暖熱鬧、人潮洶湧

駐日代表處連續幾年和每日新聞社合作，以台灣建築物為意象製作巨型冰雕，來參加札幌雪祭。我出席了 2017 年與 2019 年的台灣冰雕揭幕，分別以「台北賓館」、「玉山和高雄火車站」為主題。2 月北海道的室外冷冽徹骨，在戶外零下 2-30 度低溫下，頂著天寒地凍演講的經驗，真是絕無僅有，也畢生難忘。通常雪祭活動結束後，正好台灣的燈會也正開始，因此我都會在致詞時為台灣燈會打廣告，請大家參加北海道雪祭後，可到溫暖的台灣參加燈會，互相交流。

牙齒打顫勉力致詞完，得趕緊躲到附近「大通地鐵站地下街」裡面取暖。有一首我很喜歡的日本歌「襟裳岬」描述北地景色，中間有一句歌詞說「襟裳岬的春天是什麼都沒有的春天」，但這個地下街可完全不同於歌詞描述的，雖然不像東京車站的地下街人潮洶湧，熱鬧繁華，不過面積占地很廣，全長約兩公里，步行時間約 20-30 分鐘，是日本直線距離最長的地下街，歷史也相當悠久。最棒的是還有提供暖氣，不僅可用餐、購物，也可躲避風雪，十分方便。

　　回到台灣不久，有一次趁著颱風假風雨不大時，獨自搭捷運外出，並逛了一下中山地下街，重新認識台北的發展現狀，也學習將來如何自立生活。

一樣是覓食、避風雨的好地方
日本地下街節奏快，台灣富人情

　　地下街人潮不少，有麵包店、壽司便當、冰淇淋、咖啡店，在颱風天更是可以覓食避風雨的好地方。在特殊氣候、行走不便的情況下，不論在北海道，還是在台北，地下街確實發揮了它的價值。

　　有朋友問我，跟日本的地下街比較，有什麼不同？

這問題很難用一句話回答，日本有地下街的城市不少，但商業節奏和翻桌率都很快，營業效益似乎較高。不過，台北地下街有很多設施是日本所沒有，例如處處都有椅子、長凳供人休息，對老人和婦幼很體貼。還有理髮店、按摩店、坐著看書的店舖等，讓旅客可以悠閒的轉換氣氛並整裝出發。

溫馨和富人情味是台北的特色。

19. 季節的興味：夏之薰風，冬之木枯

冬季寒風吹起，東京路旁的銀杏樹黃葉飄揚，葉子與銀杏果掉落滿地。

日本四季分明，季節交替之間，景緻迥然相異，身處其中，心境隨自然景色而變化，時而被撫慰療癒，時而寂寥憂傷，多愁善感。但凡提到四季，人們都會有所聯想特定風物：談起「春天的風物詩」就令人想起盛開的櫻花，夏天則是花火與螢火蟲。秋天會讓人想起楓紅，冬天則是銀白的雪景。

五月到日本體會薰風：初夏清爽「薰」香氣息
樹木長出新芽嫩葉時所散發的優美深沉味道

初夏5月呢？初到日本赴任，5月時，接獲的書信，開頭經常有幾個字「風薰る五月」，總是引起我特別注目。「風薰る（かぜかおる）」指的是帶著香氣的微風，但隨著時代演化，現今已被用來形容了初夏的清爽微風。在日本俳句中，薰風被認為是夏季，尤其是初夏的季節性詞語，如同日文中有很多描述季節變化的詞彙，非常優美。

不過，如果細心感受便可享受到「薰」的獨特香味。有一次，我走到代表處附近的公園，才真正感受這詞的意涵。日本的5月，正值初夏，微風吹來有一股來自新芽嫩葉的香味，接近割草時散發出來的味道，但更深更

沉，聞起來非常舒服。

我很喜歡這種氣息，因此每年5月初都盡量到有樹林的地方走走享受一下。有時候還會邀助理或朋友共享，新綠薰風，草木欣欣向榮，聞這種薰風可以瞬間忘了煩憂，還真療癒！這股氣息每年只存在10天左右，如果這段時間剛好在日本，建議細細品味一下。

5月還有一件居家要事：日本沒有端午節，但此時必須入境隨俗，把冬衣拿出來曬，然後收藏於衣櫥裡面，迎接6月梅雨陰濕的日子。就如同預測櫻花開花的櫻花情報一樣，日本氣象廳也會預告各地的入梅日期，直到梅雨期結束，正式迎來夏季。

秋冬交替之際的第一道寒冷北風：木枯
銀杏葉開始由綠轉黃，銀杏果逐漸熟成掉落

而秋冬交替，也有一個季節語「木枯らし」，或者寫作「凩」（こがらし），指的是秋冬交替之際的寒冷北風，由於氣壓關係，風速非常強勁。依東京氣象廳的標準，「木枯らし」是10月下旬到11月底由北方吹來，風速每秒8米以上的強風。大阪則是稍晚，指大概從節氣的霜降到冬至（10月23日到12月底）吹來的強烈北風。

每年東京和大阪的氣象廳都會發布第一號木枯らし，此後北方來的強烈寒流就會不斷吹來，逐漸進入寒冬。代表處附近白金通上的銀杏樹，在木枯らし一號發布後，隨著天氣變冷，逐步開始變成黃金色。銀杏也是東京的都樹，12月初葉子變金黃色，非常好看，明治神宮外苑、東京大學、甲州街道等都是有名的金黃美景。

11月開始，銀杏果開始掉落滿地，腐爛後味道難聞。相關單位會用機器把樹上的也搖落，利用晚上或凌晨時間，清理乾淨。我剛到東京時曾去撿公園地上的銀杏果來烤，但實在太難處理了，一次之後就沒再嘗試。我們代表處同仁真的是人才濟濟，而且很有品味，有一位雇員渡邊先生會撿集銀杏果，處理乾淨後，放置在漂亮的小紙盒中，配上漂亮包裝紙，送給同仁享用。我拿十顆放進密封的紙袋用微波加熱，只消20秒就會熱透爆開，沾著鹽吃，感受著冬天的到來。

20. 日本人普遍具有養生健康觀

近年來在工作之外也關注健康,創造流體太極,彌補上半身運動不足。

日本是壽命最長的國家,女性的平均壽命為 87.3 歲,男性則為 81.3 歲,而且都還在不斷增加。我 70 歲來到日本赴任。每次參加活動,遇到一些現場民眾,很多已經超過 80、90 歲,相比之下我頓時覺得自己很年輕。但這些日本長者看起來腳勇手健,毫無老態,維持很好的健康活力,就引發了我想研究的好奇心。

「衰老」也是病,要靠自我調整來避免與延緩
日本健康科普盛行,提升防護意識與健康之道

　越是高齡社會,越需要有充分的養生健康觀念,讓高齡也能維持健康活力,而不是病懨懨的了無生趣。日本完善醫療保險制度以及進步的醫療科學,固然是日本人長壽的最大支柱。這一點,當然台灣的健保制度也不遑多讓。但日本人更注重健康知識的科學普及,日本健康觀把老衰當作一種病,亦即伴隨年齡老化而出現各種衰退弱化的徵狀,都是可以透過科學方式、自我調整或醫藥來避免、延緩與治療,甚至是消滅老化細胞。

　這些觀念與知識在書店有非常多書籍在推廣,電視媒體也有不少節目在討論,每天打開晨間新聞,很多都在宣導各種保健意識或養生抗老的新知與方法。這種健康

觀念的科學普及，很大程度幫助各年齡層的人提升自我防護的意識，相對比起一味依賴醫院與醫師者，確實可以減少各種疾病或老化現象。

不只如此，各地也有非常多推動健康養生的健康祭活動，邀請專業醫師來演講抗老養生。緊鄰東京都的埼玉縣健康祭是由曾任僑團埼玉台灣總會會長的周東寬醫師主辦，周東醫師13歲即在日本定居求學，行醫逾三十多年，被尊為日本皇室醫師，長期與地方政府合作推廣養生，居民聽眾參與十分踴躍，我也時常受邀出席介紹台日友好關係。

與周東寬醫師合著《流體太極》，分享健康之道
沖繩名醫陳奎村奉獻醫療，享天年105歲

周東寬醫師時常與我分享切磋健康觀，我們在2018年合作出了一本養生書《健康の真（健康的真髓）》，結合現代街舞及傳統氣功，透過自然形式下運動身體，讓體內的氣流流動，保持身、心、靈平衡，是一種任何人都可以輕鬆舞動身體的健康法。這本書的中文版《流體太極》2019年也已在台灣出版。

幾年前的健康祭還曾同台台裔日籍老醫師田中旨夫，

當時他102歲高齡,看來精神抖擻,一口流利閩南語、中氣十足。田中醫師故鄉在彰化田中,本名是陳奎村,日本姓氏田中便是取自故鄉田中鎮。14歲考取昭和醫學專門學校(今昭和大學),1975年移居沖繩,擔任沖繩醫院院長。

他也是家喻戶曉的長壽醫師,在地方就有「(平成時代)明治時代出生的患者給大正時代出生的醫師看診」的佳話。田中醫師2023年以105歲高壽逝世,並捐出大體投入醫療教育,是終身奉獻醫療的典範。

我在日本生活久了,慢慢也開始學習到日本人的健康觀念。靠著建立生活上一些良好的習慣,如生活規律、勤做運動、均衡飲食就是養生的基本。

以我本身經驗,由於早年是運動員,體魄很好,後來大學、高考、留學、從政,長期不間斷全部精神專注在工作,已透支體力,在十多年前一度病倒,於是開始兼顧工作與健康,並注意身心靈的平衡,調整身體,同時也創造流體太極,彌補上半身運動不足。

在流體太極出書後,邀請我去分享的,除了談台日友好,也會被要求分享健康養生之道,我的祕書劉家愷也非常熟練流體太極,通常是我講經驗,劉祕書示範,搭

配得很好,讓聽講者很快就能學會,希望對他們的健康有所幫助。畢竟一切事物,都必須有健康的身體才可能實現。

長壽重要條件:少量多樣,少量慢食,進餐愉快
我維持早晚各吃均衡多樣主餐,中午不食

提到日本人長壽,也會很多人好奇和飲食有沒有關係?這是時常被提起,但難有定論的問題。不過,我把這幾年參加傳統和食宴會的菜單收集起來看,發現最大特色有二:少量多樣,而且主菜只有一道。

之前出差去福井,在車上買一份「幕之內」便當,內有九小格,每格放的菜量不多,但每道菜材料至少都有三種以上,例如煮黑豆那格就有豆皮、南瓜和白紅蘿蔔搭配,玉子燒的格子有雞肉捲、鮭魚片、蓮藕等,有三份米飯,分別是蛤蜊飯、醬菜飯、梅肉小魚芝麻飯,算算總共材料(不含醬料)超出 30 種以上,可以說是少量多樣的標準和食。

我很喜歡這樣的便當,尤其主食有魚、稻米、豆腐、味噌、蔬菜和海菜等,這些食物糖分低,富含維生素和礦物質,可以降低罹患癌症和心血管疾病的風險。除了

挑選食物種類,「少量慢食」也是一大重點,有助於腸胃消化。同時還要注意進食時保持身心愉快。我想這些或許都是日本人較長壽的原因吧!

　回到台灣後,我仍盡量維持這樣的飲食習慣,不過調整成上午吃一份均衡的早餐,通常中午就不再進食,晚上再吃豐富且均衡的晚餐,如此一天的營養也已經足夠。

21. 大味必淡的人生哲學

最好的料理法必然接近食物的原味,「大味必淡」應該是這個意思。人生境界也是如此,傾聽自己內在的聲音,自在活出自己,最後也歸一個「淡」字。

我喜歡日本的漬物，尤其是米糠漬物，原因有三：

一、清淡圓潤，可口好吃。

二、發酵物的酵母菌和乳酸菌有益腸道健康，與菌共存，符合我的共生理論。

三、台灣是稻米國家，小時候吃米飯、喝米粥、米漿、睡榻榻米，在日本吃米麴或是米糠漬物，喚醒我身體深處稻米文化的記憶。

崇尚原味而不做繁複的修飾，既是我的養生之道，也是人生哲學。

大味必「淡」，人生境界也是如此
是非在己，毀譽由人，自在活出自己，歸於「淡」

有一次在九州的別府市用餐，看到餐廳掛著「大味必淡」的匾額，心中別有感觸。餐廳提供的鰈魚生魚片，只用簡單沾料；豐後牛的燒肉也只沾岩鹽或藻鹽，但都很好吃。最好的料理法必然接近食物的原味，「大味必淡」應該是這個意思。

人生境界也是如此，保持思考與反省，傾聽自己內在的聲音，直心而行，是非在己，毀譽由人，不理激將、不睬霸凌，自在活出自己，最後也歸一個「淡」字。

於我而言,把人生哲思貫徹到生活之中,不僅僅只是一種學識上的興趣,更像是信仰與理念。

有次應日本網路政論節目邀請,接受日美台研究所理事林建良及日本國際政治學者藤井嚴喜的訪談。藤井教授後來稱讚我闡述的觀點「根本就是哲學家」。被用「哲學家」形容,這是無比的榮耀,更勝過像政治家(statesman)這樣的稱謂。其實,「哲學家」在希臘哲學家柏拉圖眼中,就是指一個富有思辨力、洞察力而且能時刻自省的人。

曾被譽為具思辨力、洞察力與自省力的哲學家,發表真實意見卻遭酸民嘲諷抹黑,莫非宿命

有人會認為,政治上趨炎附勢是人情,見風轉舵是常態。但哲學家有時候必須堅持有是非、說實話。然而,輿論往往誤導真相,令人感慨。

例如日本歷史上最大的冤獄是 75 年前的「松川事件」,每當事件周年時,總有不少日本媒體會進行回顧。當時松川站發生人為破壞的火車翻覆事件,造成多人傷亡,有 20 人涉嫌被逮捕,初審根據嫌犯的自白而起訴並判罪,但經過 14 年兩百多次公開審理[7],最終被告全部獲

---

7 編按:NHK 1963 年新聞,被告一二審被判包含死刑在內的刑期,最高法院退回二審,仙台高等法院判決無罪。

判無罪。媒體回顧大都著重反省以下二者的危險性：一是被告自白不得作為有罪判決的唯一證據，另一個是輿論誤導偵查與審判。

在台灣也有不少類似情況。

為了維護基本人權，因而招來網路上謾罵的情況並不陌生。我曾多次為舉世滔滔皆曰可殺的被告辯護，例如40多年前的美麗島事件，大家都很熟悉被告都是非暴力表達其信念而被監禁。又如29年前的宋七力事件，經過13年訟累，起訴原因一一被推翻，最後宋七力和幹部通通判無罪。26年前張素貞（陳進興太太），最後殺人的證據不成立，改判9個月的幫助脫逃罪。

我自己更曾有多次因此受害的經驗，所以，眼見真相未明就急於審判，酸民嘲諷不做理性探討時，總是不忍冷眼旁觀或幸災樂禍。

當我發表對時事、對案件或甚至對周遭人事物的真實意見時，已經想過，很可能不受歡迎，或許會被抹黑受害，仍不改本性，直抒己見。

這，也是宿命！

【後記】
回望這段特殊、深刻的緣分

參觀江戶時代的俳詩人松尾芭蕉的紀念館和遺址。

留學的國家，通常對人生會有關鍵的影響。居住彼國度，在研究進修之際，與當地人結識互動，吸收它的文化，感受它的社會運作，都會成為建構自己內在的養分。

我在日本留學，回國後投身政治領域很長時間，沒有意料到會以駐日大使的身分，重回日本，而且達8年之久。這非但是我任職最久的一項公職，連同留學時代算起更在日本生活達13年，是非常特殊、深刻的緣分。

慶幸把最健康的一段歲月奉獻給國家

回望駐日8年，也有風雨也有晴。這8年以到任第二天前往熊本關心震災開啟序幕，經歷Covid-19疫情、東奧、烏俄戰爭爆發、前首相安倍晉三遇襲過世等重大事件，不只感覺身處歷史轉折之際，也代表台灣，努力創造跟日本、世界更多的連結。

由於同仁、家人的努力和配合，加上僑界及日本友人的支持，克服許多困難，也解決不少懸案。而日日忙碌於公務，我連重一點的感冒都沒得過，可以把「最健康的一段歲月奉獻給國家」，甚感慶幸。

想起離任之日，與同仁們握手告別。依規定在移交清冊簽名、並交還公用手機、保險櫃鑰匙及出入代表處門

卡，表示以後再不能隨意進入代表處了。交回了居留身分證，表示下次不能以居住者身分再入境，抵台灣時還要交回公務護照，下次出國就要以一般平民護照辦理了。每一年都有看到同仁辦理類似手續，輪到自己時，不免依依若有所失。

日台交流協會的谷崎理事長、田中部長以及華航、長榮的朋友和代表處老同事都到機場送別，在飛機上翻看朋友祝福的留言和同仁製作的惜別卡片，備感溫馨。回想8年多前來日的心情，那時台日曾在海上船艦對峙，異常緊張，如今在台日關係友好穩定的時刻離開，可以說值得感恩。

自許以民間身分繼續捲動善的循環

回台前許多日方好友們一再叮囑「要常回來看我們啊」，不但約定了許多工作要持續推動，也有許多活動要去「應援」（おうえん）。因此才回來，半年內又去三、四次，非公職身分有著更廣闊的空間，讓「善的循環」持續擴散。這麼一想，就想到很多可以做的事情。

像是台日民間貿易創新合作。台灣很多中小企業都是隱形冠軍，技術或創新都是世界一流，但需要經營升

級，有賴引進國際視野。或者經驗傳承，或者青年創新創業，都需要資金支持與經營經驗，若能促進台日民間企業的積極交流，可以互助互補。

「昭和櫻返鄉」的植櫻活動也充滿活力的進行著，我不只受邀參與了大阪護國神社、島根出雲大社的植樹活動，還被邀請一起去西班牙種樹，只是考慮旅途遙遠辭謝了。

而山本悌二郎銅像返回高雄之後，故事還有著後續篇章。一起推動此事的舞蹈家若林素子老師，正要將這段台日情誼的歷史編導成舞台劇，我也答應幫忙籌資推動，希望很快可以返鄉回到高雄橋頭糖廠前演出。

也要重新成為細細品味的悠閒旅人

8年任內，無論公務或餘暇，我到訪過日本不少地方，但總是行色匆匆，無法緩下腳步停留。今年想要去走訪《奧之細道》，跟隨「俳聖」松尾芭蕉大師的腳步，細細品味那份「日月乃百代過客，行歲亦為旅人」（月日は百代の過客にして、行きかふ年も又旅人也），在恆常與恆變之間的流轉心境。

另外，日本是世界上唯一遭受原子彈轟炸的國家，日

本社會有一大部分人經驗過戰爭的恐怖,從骨子裡痛恨任何侵略戰爭,堅持和平。戰後七十多年,日本依據憲法堅持和平至今。世界一有戰亂,日本總率先援助,收容難民,可以說是善盡國際責任。當今世界推展的和平、環保等等進步議題的運動,從經驗看,從日本開始最適當也最容易,例如京都議定書。日本現在是世界七大國 G7 的唯一亞洲國家,根據我的觀察,日本民眾守法、衛生、自制,可以說是文明進步的國家。

總結八年駐日生涯,人生又翻過新的一頁

台灣的近代化與日本有著相同的淵源和背景,但由於一些歷史共業的包袱,相較於日本,台灣在降低社會犯罪率及提高人民守法自律程度仍有所不足,不過,台灣民眾普遍善良,各種宗教信仰多樣,包容勸善;一有災變,志工的投入,金錢與物資的捐獻和提供都相當踴躍,不落人後,可以說是精神意識很高的地域。我認為台灣和日本在這一方面合作,一定可以為世界和平與精神文明的進化做出貢獻,成為「精神」的大國,期待這一天會來到。

感謝美華社長、佩璇、啟驊在極短的時間內編整文

稿，讓我在駐日8年台日友好的珍貴記錄得以順利付梓，也象徵8年駐日生涯的總結與完成。由於篇幅有限，任期中曾出版的《台灣與日本「善的循環」》所略述，諸如駐日代表處的館產成功登記為台灣公法人所有、台日自治體密切合作交流等事項，本書便不再重複。

　這本書的出版，是一段人生註記，也是新的自我期許。

　我用「自己的人生又翻過新的一頁」來形容自己心境。回到台灣，卸下駐日大使職務，但推動台日友好，有很多不同的方法跟空間，我將持續前進，邁向新的篇章。

　我始終相信「善生善，愛生愛」，抱持著這樣的信念維繫台日間「善的循環」，會成為我的終身職志吧。

駐日八年台日友好記事簿
謝長廷「善的循環」再續

作　　　者：	謝長廷
訪談整理：	林啓驊
封面設計：	盧穎作
插　　　畫：	蔡靜玫
照片提供：	中央社、黃品慈、劉家愷
校　　　對：	林芳瑜
社　　　長：	洪美華
總 編 輯 本書總策劃	莊佩璇
主　　　編：	何喬
出　　　版：	幸福綠光股份有限公司
地　　　址：	台北市杭州南路一段 63 號 9 樓
電　　　話：	(02)23925338
傳　　　真：	(02)23925380
網　　　址：	www.thirdnature.com.tw
E - m a i l：	reader@thirdnature.com.tw
排版／印製：	中原造像股份有限公司
初　　　版：	2025 年 3 月
郵撥帳號：	50130123 幸福綠光股份有限公司
定　　　價：	新台幣 370 元（平裝）

本書如有缺頁、破損、倒裝，請寄回更換。
ISBN 978-626-7254-65-3

總經銷：聯合發行股份有限公司
新北市新店區寶橋路 235 巷 6 弄 6 號 2 樓
電話：(02)29178022　傳真：(02)29156275

國家圖書館出版品預行編目資料

駐日八年台日友好記事簿：謝長廷「善的循環」再續／謝長廷著，林啓驊訪談整理 -- 初版.
-- 臺北市：幸福綠光, 2025.03
面；　公分

ISBN 978-626-7254-65-3 (平裝)

1. 謝長廷　2. 回憶錄

783.3886　　　　　113020008

新自然主義

新自然主義

新自然主義